Patient oder Kunde?

Eine empirische Studie über Konzepte, Strukturen und Kundenorientierung in Krankenhäusern

2. Auflage

Dr. Cemil Şahinöz

Nachdruck oder Vervielfältigungen, auch auszugsweise,
bedürfen der schriftlichen Zustimmung des Autors.

Herstellung und Verlag:

Books on Demand GmbH, Norderstedt

ISBN 9783750460294

Cover: Erman Doğan
1. Auflage 2010
2. Auflage 2020

Inhalt

FSC
www.fsc.org
MIX
Papier aus ver-
antwortungsvollen
Quellen
Paper from
responsible sources
FSC® C105338

1.0 Einleitung

Unser Gesundheitswesen unterliegt derzeit einem starken Wandel. Politiker und Krankenkassen fordern den Einzug der Marktwirtschaft und des Wettbewerbs in den Gesundheitssektor, mit dem Ziel, die Kosten gesamtgesellschaftlich in den Griff zu bekommen. Gleichzeitig versucht man die Versorgung der Patienten durch verschiedene Konzepte (wie z.B. DMP oder DRG) zu optimieren. Solche Konzepte bringen Begriffe wie „Kundenorientierung" und „Wettbewerb" mit sich. Somit steht das System des Krankenhauses in einem Spannungsfeld. Einerseits soll es die Qualität des einzelnen Krankenhauses und den Service für die Patienten verbessern und andererseits die Kosten senken. Hier sollen Managementkonzepte helfen, das Spannungsfeld zwischen Qualität und Kosten zu regeln.

Daher ist die Erforschung von Managementkonzepten im System des Krankenhauses (organisations-) soziologisch relevant. Das Krankenhaus ist eine Organisation, die gesamtgesellschaftliche Bedeutung hat und in der in den nächsten Jahren starke Wandel zu erwarten sind. **Der Wandel vollzieht sich in Richtung Ökonomisierung.** Die Steuerung erfolgt durch das Management. Allerdings gab es Managementkonzepte schon immer in Krankenhäusern, wie z.B. die DMP (Disease Management Programme). DMP bedeutet Krankheitsmanagement und verfolgt das Ziel, die Qualität und Wirtschaftlichkeit der Versorgung bei chronischen Krankheiten zu steigern. Die DMP wurde politisch gesteuert eingeführt, um in bestimmten Sektoren des Gesundheitssystems eine effektive (kostengünstige) und qualitativ hochwertige Versorgung zu gewährleisten. So ist z.B. ein DMP Brustkrebs durch ständige Kontrollen und der Gewährleistung von Mindeststandards in Bezug auf radiologische Geräte und Anzahl der Untersuchungen (und dadurch Erfahrung und Diagnosesicherheit) geeignet, Brustkrebsfälle frühzeitig und sicher, aber auch falsche positiv Ergebnisse (z.B. Tumorverdacht, obwohl keiner da ist) und damit überflüssige Punktionen zu minimieren.

Durch solche Konzepte soll die Versorgung der Patienten und die Kostenminimierung optimiert werden. Besonders die „Kundenorientierung" wird häufig als Paradigma verwendet. Eine Kundenorientierung erfordert aber eine neue Organisationsstruktur. So ergibt sich ein neues Feld für die Organisation Krankenhaus. Hier ist zu schauen, wie diese neuen Strukturen das Krankenhaus beeinflussen.

Als Fallbeispiel für diese Arbeit wurde ein Krankenhaus in einer Kleinstadt auserwählt, dessen Name aus forschungs-ethischen Gründen in dieser Arbeit nicht erwähnt wird und in der ich vor ein paar Jahren meinen Zivildienst gemacht habe. Die Fragestellungen der Arbeit werden im nächsten Kapitel kurz beschrieben. Im dritten Kapitel wird der theoretische Rahmen (Systemtheorie) vorgestellt, auf die sich die Forschung bezieht. Allerdings geht es hier schon direkt um das Krankenhaus und nicht allgemein um Organisationen. Auf eine umfassende organisationstheoretische Sicht wird bewusst verzichtet, um das Augenmerk auf die „Krankenhaus"-Theorien zu lenken. Hierzu ist Kapitel 4 sehr wichtig. Zunächst wird hier die historische Entwicklung der Krankenhäuser beschrieben. Danach werden die einzelnen Berufsgruppen, Verwaltung, Pflege[1] und Arzt, nacheinander vorgestellt. Im fünften Kapitel geht es um Managementkonzepte und dann speziell im Unterpunkt um Kundenorientierung. Hier wird noch einmal aufgezeigt, was die Literatur dazu sagt. Danach werden die Hypothesen der Arbeit aufgestellt. Im siebten Kapitel wird der Methodische Rahmen der Forschungsarbeit beschrieben. Im darauffolgenden Kapitel wird das Krankenhaus in Kleinstadt vorgestellt. Zunächst werden die historische Entwicklung des Hauses und danach die Organisationsstruktur dargestellt. Die Auswertung der Ergebnisse erfolgt im neunten Kapitel. Dieser Kapitel ist in verschiedene Unterpunkte (Kategorien) aufgeteilt, die relevant für die Fragestellungen sind. Am Ende jeder dieser Kapitel gebe ich eine kurze Zusammenfassung. Danach erfolgt eine Schlussfolgerung, in der versucht wird, die Fragestellungen der Arbeit anhand der Auswertungen zu beantworten. Auch die Hypothesen werden hier analysiert. Zuletzt erfolgt ein Fazit mit einem Ausblick in die Zukunft.

---

[1] Im weiteren Verlauf der Arbeit wird der Begriff „Pflege" Synonym für „Pflegekraft" verwendet.

2.0 Forschungsfrage

In der Neustrukturierung der Krankenhäuser haben sich vor allem die Kundenorientierung, dass heißt kundenorientierte Managementkonzepte durchgesetzt. Sie, die Kundenorientierung, ist zu einem eigenständigen Managementkonzept geworden. Hatten sich Wirtschaftsunternehmen schon lange auf diese Orientierung eingestellt, trifft dies nun auch auf Non-Profit Organisationen zu.

Nun gibt es auch in einem Krankenhaus verschiedene Konzepte, wobei es um die Optimierung der Dienstleistungen geht[2]. Dem Patienten soll Qualität zugesichert werden, aber gleichzeitig sollen die Kosten sinken. Hier entstehen zunächst einmal verschiedene Konflikte, da es verschiedene Interpretationsräume für Regeln und Konzepte gibt. Meine erste Fragestellung lautet daher:

- **Welche Folgen und Auswirkungen hat die Einführung eines Managementkonzepts auf die Organisation?**

Ich gehe davon aus, dass die Einführung eines Managementkonzepts strukturelle Veränderungen mit sich bringt. Das Krankenhaus befindet sich nämlich in zwei Systemen. Im System der Krankenbehandlung und im System der Ökonomie. Hier werde ich schauen, wie damit umgegangen wird und welche Veränderungen dies

---

[2] Es geht in der Arbeit nicht um die Effektivität oder Effizient von Managementkonzepten oder der Kundenorientierung, sondern um die Analyse derer.

8

mit sich bringt. Die zweite Fragestellung der Arbeit lautet:

- **Welche Rolle spielt die Kundenorientierung im Krankenhaus?**

Wie schon eingangs erwähnt, gab es das Management im Krankenhaus schon immer. Neu ist das **Aspekt des ökonomischen Denkens.** Es gibt eine marktwirtschaftlich orientierte Umgestaltung. Das Ziel ist dabei ist Profitmaximierung. Mittel zum Zweck scheint die Kundenorientierung zu sein. Ich werde schauen, wie mit dem Begriff der Kundenorientierung, der eigentlich im Krankenhaus fremd zu sein scheint, umgegangen wird.

Ein weiterer Punkt, der für die Professionalisierung allgemein in der Medizinbranche wichtig erscheint, ist die **Vertrauensbeziehung zwischen dem Arzt und seinen Patienten.** Hier ist zu schauen, in wie weit sich die Vertrauensbeziehung durch die Professionalisierung ändert und ob diese Beziehung durch eine Unmündigkeit des Patienten gekennzeichnet ist. Denn es ändern sich nicht nur die Strukturen im Krankenhaus, sondern auch das Verständnis der Patienten. Hierzu wird eine kurze Studie in einer Arztpraxis vorgestellt werden.

3.0 Theoretischer Rahmen

In diesem Kapitel wird der theoretische Rahmen beschrieben, mit dem die Fragestellungen untersucht werden. Zunächst gebe ich kurz eine sehr allgemeine organisationstheoretische Sicht wieder, die mir als Grundlage dient. Dies wird bewusst kurzgehalten, aber dafür die „Krankenhaus-Theorien" umso länger, da ich diese in das Zentrum meines Theorierahmens stellen möchte.

Im weiteren Verlauf werde ich Organisationen als rationale Systeme betrachten. Es gibt auch die Möglichkeit, sie als natürliche oder offene Systeme zu sehen. Natürlich hat dies Vor- und Nachteile. Diese Eingrenzung muss aber gemacht werden, da eine umfassende Sicht den Rahmen dieser Arbeit sprengen würde. Organisationen als rationale Systeme zu bezeichnen, ist für diesen Fall, für das Krankenhaus, am sinnvollsten, da sich das meiste durch diese Sicht erklären lässt. Rationalität bedeutet in diesem Sinne, dass „eine Sequenz von Aktionen so organisiert ist, dass sie mit einem Maximum an Effizienz zum vorher bestimmten Ziel führt" (Scott, 1986, S. 92).

Man kann nicht genau bestimmen, seit wann es Organisationen gibt. Es wird aber davon ausgegangen, dass bis in die späten vierziger Jahre hinein Organisationen im Sinne eines eigenständigen Gegenstandes soziologischer Forschung nicht existierten (Scott, 1986, S. 29). Allgemein gilt die Annahme, dass moderne Gesellschaften sich durch Organisationen kennzeichnen. Es wird sogar gesagt, dass diese

Gesellschaften als Organisationsgesellschaften wahrgenommen werden (vgl. Türk, 1978, S. 1; Voss, 1993, S.14; Büschges, 1983, S. 16). Luhmann (1969, S. 400) z.B., geht davon aus, dass „eine komplexe und funktional-differenzierte Gesellschaftsstruktur nur durch Organisation möglich" ist. Er begründet dies damit, dass „die primären Teilbereiche der Gesellschaft, wie etwa Politik und Verwaltung, Wirtschaft, Religion, Kultur, Freizeitbetrieb, Krankenpflege usw. nur durch Organisation entsprechender Teilsysteme getrennt und an spezifischen Funktionen ausgerichtet werden können." Somit kann man sagen, dass unsere Gesellschaft eine Organisationsgesellschaft ist. Ja, Organisationen sind sogar „lebenswichtige Mechanismen zur Verfolgung kollektiver Ziele" (Scott, 1986, S. 51). Sie sind Mittel um Ziele zu erreichen.

Eine mögliche Definition für Organisation lautet nach Barnard: „Die formelle Organisation impliziert die bewusste, beabsichtigte und zweckgerichtete Kooperation von Menschen" (Barnard, 1938, S. 4). Blau und Scott (1962, S. 5) machen folgende Aussage über Organisationen: „Da das charakteristische Merkmal dieser Organisation darin besteht, dass sie formell und ausdrücklich zum Zweck der Erreichung bestimmter Ziele geschaffen wurden, wird zu ihrer Bezeichnung der Terminus 'formelle Organisationen' verwendet." Eine andere Definition lautet: „Organisationen sind soziale Einheiten (oder Gruppierungen von Menschen), gebildet und umgebildet zur Verfolgung spezifischer Ziele" (Etzioni, 1964, S. 3). Der Grund, warum ich mehrere Definitionen aufliste ist, um zu zeigen, dass sich die Ergebnisse der Forscher ähneln. Sie kommen zusammengefasst zum gleichen Ergebnis: **Organisationen sind zweckgerichtete Kollektivitäten**. Scott (1986, S. 45) fasst dies folgendermaßen zusammen: „Eine Organisation ist eine an der Verfolgung relativ spezifischer Ziele orientierte Kollektivität mit einer relativ stark formalisierten Sozialstruktur." Durch diese Kollektivität können Aufgaben gelöst und Ziele erreicht werden, die ein Einzelner alleine nicht könnte.

In der Systemtheorie betrachtet man die formale Organisation unter der Perspektive der Flexibilität zur Verarbeitung von Umweltkomplexität. Die Merkmale der formalen Organisation regelt dabei die Anpassungsfähigkeit an die Umwelt. Unter Formalität versteht man, den Aufbau einer Struktur von Verhaltenserwartungen, um die Mitgliedschaft zur Organisation von den Nichtmitgliedern zu trennen.

Wenn wir uns nun unserem Problemfeld Krankenhaus widmen, gehen wir davon aus, dass das Krankenhaus ein soziales System und/oder eine komplexe Organisation ist. Ein soziales System ist „ein Sinnzusammenhang von sozialen Handlungen" (Luhmann, 1984, S. 155). Siegrist (1973, S. 245) beschreibt diese Komplexität folgendermaßen: „Auf einer sehr allgemeinen Ebene können wir das Krankenhaus als komplexe Organisation betrachten, dass heißt in der Sprache der Soziologie, als ein soziales System mit einem angebbaren Mitgliederkreis, einer Vorstellung seiner kollektiven Identität und Verhaltensprogrammen, die der Erreichung spezifischer Ziele dienen." Drucker (1981, S. 28) beschreibt Krankenhäuser als: „[...] probably one of the most complex organizations in our society." Genau diese Komplexität erweist sich als Problemfeld. Voss (1993, S. 17) bezeichnet diese Komplexität als die „Quelle für Störanfälligkeit" und nicht als „Quelle für Problemlösungen". Komplexität führt somit zu mehr Problemen, die gelöst und organisiert werden müssen. Um diese Komplexität zu überwinden, schreibt Rohde (1974, S. 252): „Die Welt lässt sich in der Unbegreiflichkeit ihrer Komplexität nur bewältigen, wenn man sie sorgsam in kleine Stücke zerlegt und diese zu bewältigen sucht." Durch Reduktion der Komplexität vermitteln soziale Systeme zwischen der Weltkomplexität und der Komplexitätsverarbeitungskapazität des einzelnen Individuums. Dadurch entsteht zwar eine Ordnung, allerdings mit Einschränkung der Möglichkeiten. Diese Einschränkungen kann man als Struktur des Systems bezeichnen.

Ausschlaggebend für diese Komplexität in der Organisation Krankenhaus ist mit Sicherheit auch der Tatbestand, dass mehrere verschiedene Berufsgruppen gleichzeitig und miteinander arbeiten. Diese unterschiedlichen Berufskulturen haben auch verschiedene Denkrichtungen. Das Krankenhaus ist zwar damit hochqualifiziert aber durch diese Unterschiede entstehen Konflikte und verschiedene organisatorische Probleme. Dies wird auch einer der wichtigsten Faktoren dieser Arbeit sein. Im Anschluss an die vorliegende Literatur wird das Krankenhaus in drei Bereiche eingeteilt. Diese sind: **Pflege, Verwaltung und Medizin.** An der Spitze dieser Bereiche befinden sich Betriebsleitungen. Weiterhin besitzen alle Bereiche ihre eigenen Hierarchiewege. Rohde (1974, S. 357) beschreibt die Innendifferenzierung folgendermaßen: „Nahezu jede untergeordnete Position innerhalb des Krankenhauses ist der Weisung von mindestens zwei, wenn nicht gar drei Befehlsquellen unterworfen. So empfängt z.B. die Pflegeschwester Anordnungen vom Stationsarzt, von der Stationsschwester und darüber hinaus noch von Seiten der Verwaltung; und es gibt in der Tat nahezu keine Position, keinen Funktions- und Statusbereich, der nicht zumindest virtuell den Autoritätsansprüchen des medizinischen Funktionskreises unterworfen und ausgesetzt wäre, obgleich er formell nur anderen Autoritätsträgern, administrativen oder pflegerischen, unterstellt ist.“

Diese Innendifferenzierung erfolgt nach zwei Aspekten (Voss, 1993, S. 172-174):

- Verrichtungsaspekt: Hier geht es darum, gleiche Aufgaben, die sich aber auf ungleiche Objekte beziehen, zusammenzufassen. (z.B. Chirurgie)

- Objektaspekt: Gleiche Objekte mit ungleichen Verrichtungen werden zusammengefasst. (z.B. kann ein Herzkranker sowohl in der einen als auch in der anderen Station behandelt werden. Unterschieden wird danach, **welche** Art von Herzkrankheit vorliegt.)

Damit die Arbeit im Krankenhaus also einwandfrei funktioniert und dieses Durcheinander der

Autoritätsstrukturen bereinigt wird, wird eine effektive und rationale Arbeitsteilung angestrebt. Allerdings müssen wir immer davon ausgehen, dass der Mensch niemals vollständig rational handeln kann. Dies kann mehrere Gründe haben. „Für ein einzelnes, isoliertes Individuum ist es unmöglich, einen hohen Grad an Rationalität zu erreichen. Die Zahl der Alternativen, die es untersuchen muss, ist so groß, die Informationsmengen, die es zu ihrer Auswertung benötigen würde, sind so riesig, dass sogar eine Annäherung an objektive Rationalität kaum denkbar ist" (Simon, 1981, S. 115). Der Mensch kennt nicht alle Alternativen zu einer Handlung und ist auch nicht in der Lage die Alternativen, die gekannt werden, alle durchzugehen. Ihm fehlt es also an Information und Zeit. Somit kommt es täglich zu verschiedenen Organisationsproblemen, wie z.B. falsche Dienstpläne, mangelnde Kommunikation zwischen Leistungsstellen und Stationen und zwischen den Mitarbeitern auf den Stationen oder eine fehlerhafte Planung der Operationstermine (Kaltenbach, 1991, S. 168).

Hier wird in der Systemtheorie der Begriff Kontingenz eingeführt. „Formal definiert wird Kontingenz durch Negation der Unmöglichkeit und Negation der Notwendigkeit. Kontingent ist demnach alles, was zwar möglich, aber nicht notwendig ist" (Luhmann, 1982, S. 187). „Der Begriff der Kontingenz soll sagen, dass die im Horizont aktuellen Erlebens angezeigten Möglichkeiten weiteren Erlebens und Handelns nur Möglichkeiten sind, daher auch anders ausfallen können, als erwartet wurde [...]" (Luhmann, 1985a, S. 32). Das heißt, es gibt unendliche

Möglichkeiten, was zu einer Komplexität führt. Um diese Komplexität zu vermindern, wählt man aus den Möglichkeiten bestimmte Möglichkeiten nach bestimmten Kriterien aus. Luhmann (1985b, S. 70) hier zu: „Zeit ist der Grund für den Selektionszwang in komplexen Systemen, denn wenn unendlich viel Zeit zur Verfügung stünde, könnte alles mit allem abgestimmt werden." Somit wird deutlich, dass es für den Einzelnen, für das Individuum also, unmöglich ist, vollkommen rational zu handeln. Die Rationalität ist begrenzt. Eine Organisation aber, lässt es zu, sich einer objektiven Rationalität anzunähern (wohlgemerkt anzunähern): und zwar durch Arbeitsteilung, durch „die geplante Herbeiführung organisatorisch definierter Situationen" (Voss, 1993, S. 28). Dies geschieht, in dem man versucht, die Selektionen zu rationalisieren. Und diese sind dann rational, wenn sie „dazu dienen, menschliches Handeln in einer äußerst komplexen Welt sinnvoller zu orientieren, also das menschliche Fassungs- und Reduktionsvermögen für Komplexität zu steigern" (Luhmann, 1973, S. 98; vgl. Voss, 1993, S. 55). Der einzelne verhält sich dann sozusagen „rational", da die Alternativen begrenzt und die Wahlmöglichkeiten vorausdefiniert sind.

Zudem wird die Komplexität im Krankenhaus dadurch gesteigert, da es zwischen den verschiedenen Bereichen zu verschiedenen Zielkonflikten kommt. Die Verwaltung z.B. möchte Kosten minimieren. Denn auch das Krankenhaus ist eine Organisation, das abhängig von Geld ist und richtig kalkulieren muss. Gleichzeitig möchte der Arzt die Gesundheit maximieren, was mit enormen Kosten verbunden sein kann (vgl. Strauss et al.,

1963). „Auf der einen Seite herrscht das Prinzip des 'Verausgabung', der Maximierung des 'Leistungsausstoßes' ohne Rücksicht auf 'Gewinn', auf der anderen das der Sparsamkeit im Sinne eines rationellen Mitteleinsatzes und einer wirklich ausgeglichenen Bilanz" (Rohde, 1974, S. 324). Dies kann öfters zu einem Konflikt oder Paradox führen. Es entstehen Zielkonflikte. Hier muss man schauen, welche Konzepte angewendet werden, um zwar die Kosten zu minimieren, aber die Gesundheit nicht zu gefährden.

Das Krankenhaus ist also eine Organisation, die ein Zweck hat und in der verschiedene Berufsgruppen miteinander arbeiten. Da aber nun diese Berufsgruppen verschiedene Zwecke haben kommt es zu Konflikten. Um diese Ziele zu erreichen und die Konflikte zu reduzieren werden von der Verwaltung Managementkonzepte eingesetzt. Im nächsten Kapitel wird nun genauer auf das Krankenhaus eingegangen.

4.0 Das Krankenhaus

In diesem Kapitel wird näher auf das Krankenhaus eingegangen. Zunächst wird im nächsten Unterkapitel die Entwicklung der Hospize in hochkomplexe Krankenhäuser beschrieben. Danach widmen wir uns den drei Berufsgruppen.

4.1 Die Entwicklung des Krankenhauses

In diesem Teil soll kurz die Entwicklung der Krankenhäuser allgemein vorgestellt werden. Hierbei geht es nur um die wesentlichen Punkte und nicht um Details. Es soll nur gezeigt werden, wie sich die Hospize in Unternehmen verwandelt haben und in welchen Bereichen es zu einem Wandel kam. Ein Anfang von der Organisation Krankenhaus ist aber nicht zu bestimmen. Es nicht möglich, einen bestimmten Ort oder eine bestimmte Zeit als den Anfang aufzuzeigen (vgl. Voss, 1993, S. 84). Rohde (1974, S. 59) sagt dazu: „Was den Ort betrifft, so ist der ohnehin nie exakt festzustellen, denn wie viele Institutionen wurden an verschiedenen Punkten der Erde unabhängig voneinander ´erfunden´. Was aber den Zeitpunkt angeht, so liegt der meist in historischem Dunkel, kaum fassbar und zudem mit erheblichen Unsicherheiten belastet.“

Am Anfang standen soziale und humanitäre Funktionen ganz klar im Vordergrund früher Hospize. Diese hatten mit unserem heutigen Medizinbegriff wenig zu tun. Vielmehr standen das Gebet und der Gottesdienst im Mittelpunkt. Doch mit der Formalisierung der ärztlichen Ausbildung, mit gewissen Fortschritten in der praktischen Medizin und mit zunehmenden praktischen Erfolgen trat ein Wandel in der Funktion des Krankenhauses ein. Somit wurde die Entwicklung des Krankenhauses zunehmend von Notwendigkeiten bestimmt. Die Technik fand ihren Weg in die Krankenhäuser. Es kam zu einem rasanten Anstieg der technischen Entwicklung im Krankenhaus. Die Zahl der benutzten Apparate nahm zu.

Die Medizin, als Wissenschaft, hatte erst Mitte 19. Jhr. ihren Einzug in das Krankenhaus. Letztendlich wurde das Krankenhaus zum Zentrum des medizinischen Versorgungssystems (Arnold, 1993, S. 15-16) und ihrer Ausbildung. Doch gleichzeitig wuchs die wirtschaftliche Bedeutung an. Heute stehen die Krankenhäuser immer mehr im Druck, ihre Mittel effizient zu nutzen. Die Kosten steigen erheblich, was zu einem Problem wird und das Krankenhaus zu einer Neustrukturierung führt. Weiterhin zwingen die ökonomischen Rahmenbedingungen zu einer Verkürzung der Verweildauer und damit zu einer Komprimierung der Behandlung, was den Patienten die Orientierung und Einstellung auf die meist ungewohnte Umgebung weiter erschwert (Straub, 1993, S. 376). „Das Krankenhaus wurde zu der Stätte im Versorgungssystem, an der in möglichst kurzer Zeit möglichst komprimiert und möglichst effizient die Leistungen erbracht werden sollten, mit denen die Heilung oder jedenfalls ein bestimmter Behandlungszweck erreicht werden konnten – weitgehend unabhängig von dem, was folgte" (Arnold, 1993, S. 22).

Ein weiterer wichtiger Punkt ist, dass das Krankenhaus immer mehr zu einem Instrument der Politik wurde und wird. Krankenhausbedarfsplanung ist zu einer politischen Entscheidung geworden und kann damit auch Instrument zur Durchsetzung anderer Ziele werden (Kampe u. Kracht, 1989, S. 5).

Auch wechselte das Verhältnis der Krankenhäuser untereinander. Es entstand plötzlich ein Bild der Konkurrenz untereinander. Ausschlaggebend dafür war der wirtschaftliche Druck. Somit musste ein richtiges Marketing angewandt werden, um das Krankenhaus zu führen. Kampe und Kracht gehen davon aus, dass sich die Dienstleistungen der Krankenhäuser nicht von selbst verkaufen. Die Krankenhäuser müssten also ihre Entscheidungen mehr unter dem Aspekt der Nachfrage treffen. Zur Erreichung der Marketingziele müsse man Marketinginstrumente einsetzen. Diese wären: Platzierung (Standort des Krankenhauses), Produkt, Preis (für die Krankenhausleistungen) und die Promotion (verkaufsfördernde Maßnahmen wie Werbung, Öffentlichkeitsarbeit, persönliche Kontakte, Anreize und Atmosphäre). Und dies alles wiederum erfordere Planung und Strategie (Kampe u. Kracht, 1989, S. 99).

Die Sicht der Bevölkerung wandelte sich ebenfalls. Immer mehr Ansprüche und Erwartungen werden an das Krankenhaus gestellt. Es werden Stimmen laut, die „mehr Menschlichkeit im Krankenhaus" fordern. Allerdings gibt es hier das Problem, dass man Menschlichkeit nicht messen kann. Was ist dann also „mehr" Menschlichkeit? Somit ist das Krankenhaus darauf angewiesen, „Menschlichkeit" sichtbar zumachen.

Das wird durch eine „richtige" und ständige „Patientenorientierung" versucht. Und hier wird drauf geachtet, dass nicht nur die Ärzte oder die Pflegekräfte dementsprechend ausgebildet werden, sondern alle Personen und Einrichtungen, vom Pförtner bis zur Cafeteria, die mit Patienten in Kontakt kommen. Denn eine Cafeteria, die z.B. zu wenige Kuchensorten hat, kann den Ruf des Krankenhauses verschlechtern.

Für die Patienten wurde das Krankenhaus zunehmend zu einer Institution. Vielmehr zu einer Fließbandorganisation, in der der Kranke verschiedene Abteilungen (z.B. Röntgen, EKG usw.) durchlaufen und repariert werden muss. Mit dem Betreten des Krankenhauses verliert der Patient seine wahre Identität und eine neue Art von Persönlichkeit, gemischt mit Angst und Abhängigkeit, wird aufgebaut. Revans beschreibt das Krankenhaus als ein Organismus, „der durch Angst gekennzeichnet ist. Angst wird durch Ungewissheit gesteigert. Ungewissheit wird durch untaugliche Kommunikation vergrößert" (Revans, 1964, S. 91). Mit untauglicher Kommunikation ist bei Revans die Kommunikation zwischen Arzt und Pflege gemeint. Aber dazu später mehr.

Ebenfalls zu der Frage: „Was ist Gesundheit?" oder „Was ist Krankheit?" gab es in der Vergangenheit viele verschiedene Theorien und Hypothesen. Die Definition dieser Begriffe machte auch eine Entwicklung durch, so dass viele unterschiedliche Definitionen auftauchen. Hurrelmann (1988, S. 17) z.B., sieht die Gesundheit als einen „Balancezustand, der zu jedem lebensgefährlichen Zeitpunkt immer erneut hergestellt werden muss. Sie ist kein passiv erlebter Zustand des Wohlbefindens, wie die rein körperliche Fixierung des Begriffes in der klassischen Medizin nahelegt, sondern ein aktuelles Ergebnis der jeweils aktiv betriebenen Herstellung und Erhaltung der sozialen, psychischen und körperlichen Aktionsfähigkeit eines Menschen. Soziale, ökonomische, ökologische und kulturelle Lebensbedingungen bilden dabei den Rahmen für die Entwicklungsmöglichkeiten von Gesundheit." Laut Luhmann ist die Krankheit „eine mit Hilfe von Wissenschaft identifizierbare Abweichung von der Normalität körperlicher bzw. psychischer Befindlichkeit und daher mit entsprechend isolierbaren Techniken zu behandeln" (Luhmann, 1983, S. 32). Nicht Gesundheit, sondern die Krankheit sei Anlass zur Systembildung des Krankheitssystems. Die Krankheit der Gesellschaft sei die Möglichkeit der Gesundheit (Luhmann, 1990, S. 191). Der Gesundheitsbegriff wurde also zunehmend in den Hintergrund gerückt. Und gleichzeitig wurde die Krankheit zum wichtigen Analysepunkt. Sie, die Krankheit, wurde als positiver und die Gesundheit als negativer Wert bezeichnet (Luhmann, 1990, S. 186). Nicht der leidende Mensch insgesamt, sondern die Krankheit stand immer mehr im Mittelpunkt des medizinischen Systems. „Die Verwendung physikalischer Messungen bereitete den Weg für den Glauben an die reale Existenz der Krankheiten" (Illich, 1977, S. 188). Voss (1993, S. 118) begründet die negative Formulierung der Gesundheit damit, dass er die Gesundheit als „Abwesenheit von bestimmten Krankheiten" sieht. Gesundheit soll also das reflektieren, was fehlt, wenn jemand krank ist. **Somit kommt man zum Schluss, dass eigentlich jedes Individuum krank**

ist. Als gesund bezeichnet sich nur der, der nicht vollständig von einem oder mehreren Ärzten untersucht wurde. Gesundheit ist also die Abwesenheit der Beobachtung, ob man krank ist. Zu einer ähnlichen Schlussfolgerung kommt auch Luhmann, nachdem er die Definition von Gesundheit laut der Satzung der Weltgesundheitsorganisation analysiert: „Health is a state of complete physical, mental and social wellbeing and not merely the absence of disease or infirmity." Aus dieser Definition versteht Luhmann (1983, S. 33), dass „die Gesamtbevölkerung krank und folglich behandlungsbedürftig" ist. Denn nach dieser Definition ist die vollkommene Gesundheit ein kaum erreichbarer Zustand.

Die Aufgabe des Arztes ist demnach Krankheit zu bekämpfen und Gesundheit zu optimieren. Denn es gibt viele Krankheiten, aber nur eine Gesundheit. Den Begriff Gesundheit sieht Luhmann nämlich als eine Semantik. Wie die Bildung sei sie ein Wert, dass „alle Bemühungen um eine Verbesserung gegebener Lagen widerstandslos" (Luhmann, 1983, S. 29) schluckt. Sie sei ein Höchstwert, der außerhalb aller ideologischen Kontroversen stünde. Gleichzeitig soll die Bekämpfung der Krankheit zur Reduktion der Komplexität führen, dass im Theorieteil beschrieben wurde. Denn der Gesundheitsbegriff fördert zunächst die Komplexität. Die Reduktion erfolgt dann, in dem man Krankheiten und Syndrome klassifiziert.

Die ständige Ausdehnung dieser Begriffe, insbesondere des Krankheitsbegriffes, führte dazu, dass „neben den biologischen, physischen und chemischen Faktoren ... immer mehr soziologische und psychologische Faktoren, also psychosoziale Bedingungen einschließlich der Politik, Ökologie und Ökonomie, zur Krankheitserklärung herangezogen" (Voss, 1993, S. 126) werden.

All diese Entwicklungen machten das Krankenhaus zu dem, was es heute ist: **Ein hoch entwickeltes, komplexes Unternehmen.** In einem Handbuch des Städtischen Klinikum Karlsruhe (k.A., S. 4) heißt es: „Aufgrund zukünftiger Entwicklung im Gesundheitswesen, wie mehr Wettbewerb, noch stärkeres Diktat der Finanzen, Beratungsangebot und stärkere Verzahnung stationärer und ambulanter Versorgungsstrukturen, wird Dienstleistung, in noch stärkerem Maße wie bisher, in den Mittelpunkt rücken. [...] Um am Markt bestehen zu können, werden sich die Krankenhäuser an einem erfolgreichen Dienstleistungsverhalten orientieren müssen. Vorrangig heißt das, den Patienten und Kunden in den Mittelpunkt der Aufmerksamkeit zu stellen und ihn dies spürbar erfahren lassen." So dauerte es nicht lange, bis auch Begriffe wie Managementkonzepte und Kundenorientierung im Krankenhaus verwendet wurden. Es musste nun ein Controlling her, um Ist- und Sollzustände zu vergleichen. Immer mehr bildete sich das Krankenhaus zu einem „Unternehmen". Und es wäre hier nicht falsch von einem Wirtschaftsunternehmen zu sprechen. Ein Wirtschaftsunternehmen, basierend auf Dienstleistungen. In diesem Unternehmen bildeten sich mehrere verschiedene Expertengruppen: Ärzte, Verwaltung und die Pflegekräfte.

4.2 Die verschiedenen Berufsgruppen

Diese Expertengruppen werden folgend kurz beschrieben.[3]

4.2.1 Verwaltung

Die Verwaltung ist überall im Krankenhaus vertreten. Nach Rohde hat sie sogar eine besondere, im wörtlichen Sinne penetrante Stellung im Krankenhaus. „Er durchdringt wirklich das gesamte Sozialgefüge einer derartigen Anstalt; denn er ist seiner wesentlichen Funktion nach die organisatorische Verklammerung des Ganzen." (Rohde, 1974, S. 212). Um zu verdeutlichen, wie vielfältig der Aufgabenbereich der Verwaltung ist, hier eine Auflistung von M. A. Hay (1954, S. 735): Gebäudeerhaltung, Energieversorgung, Heizung, Anstaltskleidung, Wäscherei, Arzneimittelbeschaffung, Finanzverwaltung, Anschaffungen, Personalbesetzung und –betreuung, Nahrungsmittelbeschaffung, Gehalts- und Lohnabrechnung, Gebäudereinigung, administrative Vor- und Fürsorge für die medizinischen und medizinisch-technischen Abteilungen, Korrespondenz (für Anstalt und Patienten), Registratur (Dokumentation), Sozialeinrichtungen (Kantine, Bibliothek) usw. Das gleiche gilt auch für die Mitarbeiter der Verwaltung. Hierzu gehören verschiedene Mitarbeiter des Krankenhauses, wie z.B. Verwaltungsdirektor, Bürobote,

---

[3] Die Patienten spielen auch eine wichtige Rolle im Krankenhaus. Sie sind aber für die Fragestellungen der Arbeit irrelevant und werden daher nicht weiter beachtet.

Haustechniker, Kraftfahrer, Küchenhilfe oder Wäscheträger.

Die Verwaltung hat einen gesonderten bürokratischen und haushälterischen Funktionskreis (Rohde, 1974, S. 321-322). Während die Ärzte und die Pflege dem Zweck der bestmöglichen medizinischen und pflegerischen Versorgung des Patienten dienen, muss die Verwaltung den Zweck der betriebswirtschaftlichen Bestandserhaltung im Auge behalten. Genau hier kann es öfters zu Konflikten kommen. Besonderes Spannungsfeld herrscht zwischen der Verwaltung und den Ärzten. Hier ist laut Rohde die größte Konfliktstärke bzw. -häufigkeit. Die Pflege dient bei starken Spannungen als Pufferzone mit tendenziell gespaltener Loyalität. Die Ursachen für die Konflikte liegen meist in einem Mangel an Kommunikation: an

1.) Kommunikationsmöglichkeit,
2.) Kommunikationsbasis, und
3.) Kommunikationswilligkeit (Rohde, 1974, S. 328).

In diesem Spannungsfeld versucht die Verwaltung die ganze Arbeit im Krankenhaus zu organisieren und sie zu rationalisieren. Sie versucht die Arbeit zu koordinieren und sorgt für den Bestand und den Fortbestand des Hauses.

Allerdings wird bei der Entwicklung hin zum „Unternehmen Krankenhaus" das wichtigste Ziel eines Krankenhauses nicht außer Acht lassen. Dies ist die Deckung des Bedarfs an ärztlicher und pflegerischer Versorgung (Kampe u. Kracht, 1989, S. 2). In der Reichsversicherungsordnung (RVO), § 184 Abs. 1, ist der Anspruch des Patienten auf genau diesen Bedarf gesetzlich geregelt. Die Krankenhäuser müssen also auf diesen Punkt achten. Dies lässt die Verwaltung bei ihrer Kostenplanung nicht unberücksichtigt. Denn schließlich ist die Kernaufgabe eines Krankenhauses „den Gesundheitszustand des Patienten zu verbessern, zu erhalten oder zu Krankheitsbeschwerden zu lindern" (Kampe u. Kracht, 1989, S. 81). Hier versucht die Verwaltung einen Balancezustand einzuhalten: Kosten senken, aber Qualität beibehalten. Eine Möglichkeit um Kosten zu senken ist, dass externe Unternehmen für einige Aufgaben beauftragt werden. Dies scheint in vielen Fällen günstiger zu sein, als wenn das Krankenhaus die Arbeit selber macht. Dadurch entstehen mehr Kosten. Auch hier kalkuliert die Verwaltung haargenau, um das Budget nicht auszulasten. Das Krankenhaus arbeitet dann mit vielen anderen Unternehmen. Es entstehen externe Kooperationen.

Intern versucht die Verwaltung, die Arbeit zu organisieren. Personelle und materielle Ressourcen werden bereitgestellt. Mooney (1937, S. 92) beschreibt die Aufgabe der Verwaltung folgendermaßen: „In jeder Organisation gibt es einen kollektiven Job, der getan werden muss und der aus der Summe vieler Einzeljobs besteht; die Aufgabe der Verwaltung, die beim Management liegt, ist die Koordination all der menschlichen Anstrengungen, die zur Erreichung des Organisationsziels erforderlich sind." Nach diesem Zitat hat die Verwaltung die Aufgabe, die Jobs, die nötig sind, um das Organisationsziel zu erreichen, mit den jeweiligen Mitarbeitern zu füllen und sie zu koordinieren. Weiterhin heißt es im gleichen Absatz: „Eine solche

Koordination setzt jedoch immer voraus, dass die Jobs, d.h. die Tätigkeiten, aufeinander abgestimmt sind. Der Job als solcher ist deshalb vor der Person da, die ihn ausübt, und eine sinnvolle Koordination dieser Jobs im schlichten Sinne von Tätigkeiten ist die erste und wichtigste Voraussetzung für eine wirkungsvolle Koordination des menschlichen Faktors." Das heißt, die Verwaltung muss nicht nur die Arbeitsplätze belegen und die nötigen Voraussetzungen dafür bereitstellen, sondern sie muss auch die Koordination und die Kommunikation zwischen diesen Arbeitsplätzen regeln. Somit auch den Informationsfluss.

Unter den verschiedenen Berufsgruppen regelt die Verwaltung den Informationsfluss. Die Informationsweitergabe ist unterschiedlich. Entweder ist sie mündlich oder schriftlich. „Der Vorteil der mündlichen gegenüber der schriftlichen Informationsweitergabe besteht vor allem darin, dass sie den Arbeitsablauf weniger hemmt, weniger zeitaufwendig ist und ein schnelleres Reagieren und damit ein jeweils an die aktuelle Situation angepasstes Handeln ermöglicht" (Voss, 1993, S. 425). Meistens werden die Informationen an die leitenden Personen weitergegeben und die geben es wiederum ihren Kollegen weiter.

Quantitativ ist die Verwaltung meist die kleinste Gruppe im Krankenhaus. Sie sind die Gruppe, die einen festen Arbeitsplan hat mit am wenigstens Zeitdruck. Sie sind nicht den Belastungen ausgesetzt, wie z.B. die Pflege. Allerdings genießen sie viel Autorität, wenn auch nicht so viel wie die Ärzte.

4.2.2 Pflege

Der Beruf des Krankenpflegers war zunächst
religiös motiviert. Auch die Kunst des „Heilens" war
stark religiös orientiert. Die Krankenschwester war eine
barmherzige, liebevolle Person, die sich zur Aufgabe
gemacht hatte, kranken Menschen zu helfen. Sie ersetzte
(und ersetzt noch heute) die primäre Familie und diente
als emotionale Abstützung. Deshalb brauchte es lange
Zeit, bis auch die Pflege als Lohnarbeit angesehen und
akzeptiert wurde. Sticker (1984, S. 11) schreibt dazu:
„Krankenpflege als Liebestätigkeit – Krankenpflege als
weltlicher Beruf, das war die große Frage, die die
Jahrhundertwende stellte, einer der letzten fälligen
Entscheidungen in dem umfassenden
Säkularisierungsprozess, den seit dem Mittelalter ein
Sektor des kulturellen Lebens nach dem anderen
durchgemacht hatte." Es gab also unterschiedliche
Motivationen für die Pflegearbeit, die damals noch jeder
ausüben konnte. Erst seit Ende des 18. Jhr. musste der
Beruf des Pflegers gelernt werden. Vorher konnte sich
jeder Beliebige als Pflegekraft einstellen lassen. Zunächst
konnten nur Männer diesen Beruf ausüben. Seit 1840
werden auch Frauen eingestellt. Als Anfang der
Professionalisierung des Pflegeberufs, sieht Elster (1986,
S. 16) die staatliche Prüfung von Krankenpflegern. März
1906 wurde vom Bundesrat beschlossen, das
Krankenpflegepersonal staatlich zu prüfen. Ab sofort
mussten bestimmte Kriterien, wie z.B. Vollendung des
21. Lebensjahres, eine abgeschlossene
Volksschulbildung, die körperliche und geistliche
Tauglichkeit, eine erfolgreiche Teilnahme an einem

einjährigen Lehrgang, erfüllt werden, um dann als Pflegekraft zu arbeiten. Im 20. Jhr. kam es zu ständigen Veränderungen in dieser Ausbildung. Die Ausbildung wurde zunähmst von der Medizin dominiert. Aber Aspekte wie Psychologie, Soziologie oder Pädagogik, die für diesen Beruf enorm wichtig sind, bekamen kaum Beachtung und wurden nicht gelehrt. Voss (1993, S. 199-200) kommt bei der Beurteilung dieser Reformen zum Schluss, „dass es der Pflege u.E. nach bislang gerade deshalb nicht gelungen ist, sich in vollem Umfang zu professionalisieren, weil die die Pflege begleitende Wissensdimension nicht von der Pflege selbst entwickelt worden ist, nicht von ihr kontrolliert wird und medizinische Forschungsergebnisse lediglich adaptiert werden." Die Pflegekräfte haben also sehr wenig Einfluss auf die Arbeit, die sie machen. Sie wird von anderen vorgegeben.

Nun schauen wir uns an, was die Pflege eigentlich ist. Die Pflegekräfte sind für die elementaren körperlichen Bedürfnisse der Patienten zuständig. Diese sind z.B. Stuhlgang, Wasserlassen, Essen, Trinken, Aufstehen, Waschen. Kranke müssen gebettet, gewendet, sauber und trocken gehalten werden (vgl. Schmeling-Kludas, 1988, S. 13). Die Arbeit am Patienten wird daher häufig als schmutzig oder ekelerregend empfunden. Käppeli (1988, S. 6) beschreibt die Arbeit der Pflege folgendermaßen: „Die direkte Pflege befasst sich mit allen menschlichen Erfahrungen, Bedürfnissen und Lebensbereichen, welche mit Gesundheit, Krisensituationen, Krankheit, Behinderung und Sterben zu tun haben, und nicht nur mit erkrankten Organen. Sie hilft Individuen und Gruppen, mit Krankheit, Krisen und

Behinderung und mit deren Therapie und Pflege umzugehen und sie zu bewältigen." Die Pflegekräfte sind die Schnittstellen zwischen dem Arzt und den Patienten. Häufig sind sie sogar viel beliebter als die Ärzte, da sie sich viel intensiver um die Patienten kümmern. Sie sind stets für die Patienten da. Vielmehr ist der Patient sogar abhängig von ihnen.

Auch die Arbeit der Pflegekräfte ist in ständiger Entwicklung. Ihre Arbeit wird immer häufiger mit der Nutzung oder Beaufsichtigung von Technik beauftragt. Bei der Auswahl und beim Einsatz dieser Technik werden sie aber kaum gefragt. Obwohl man davon ausgehen kann, dass durch die Einbeziehung der Pfleger in Entscheidungsprozesse, ihre Arbeitsmotivation erheblich steigen würde, wird dies öfters nicht gesehen.

Durch den Einsatz immer neuerer Techniken ist man gezwungen über eine neue Organisation der Arbeit nachzudenken. Verantwortungen und Entscheidungskompetenzen müssen neu verteilt werden. Gleichzeitig erfordert viel Technik auch viel an Führungs- und Managementkompetenz (Badura, 1993, S. 36-37). Die Pflegekräfte sind dem öfters nicht gewachsen. Vielmehr führt das zu einer Belastung für sie und dies wiederum zu einer Arbeitsbefremdung. Denn viele, die diesen Beruf ausüben, hatten sich das vorher anders vorgestellt. Die meisten Pflegekräfte gestehen ein, dass sie viel zu wenig Zeit für die Patienten haben. Die Arbeit verlagere sich immer mehr in andere Richtungen. Vor allem in die Verwaltungsarbeit. „Zusätzliche ökonomische Vorgaben engen Entscheidungsspielräume ein, und die erhebliche Belastung mit pflegefremden

Aufgaben wird durch die (erwünschte) Verkürzung der Aufenthaltsdauer der PatientInnen im Krankenhaus verstärkt. Im Verhältnis zur eigentlichen Pflegearbeit steigt damit der Verwaltungsaufwand, der auf den Stationen anfällt" (Müller, 1996, S. 141; vgl. Schrems, 1994, S. 16). Der Schreibkram nimmt zu, der Kontakt zu Patienten nimmt ab. Arbeitsunzufriedenheit, innere Kündigung einzelner Mitarbeiter, Burnouts und eine hohe Personalfluktuation sind die Folge.

Der Stress nimmt zu, da die Mitarbeiter zwei verschiedenen Hierarchien untergeordnet sind. Zum einen der Pflegedienstleitung und zum anderen der Weisungsbefugnis des Arztes (Schmeling-Kludas, 1988, S. 36), z.B. fachlich den Ärzten, persönlich der Pflegedienstleitung und hinsichtlich der Verfügung über den Wirtschaftsbedarf der Verwaltungsleitung (Kaltenbach, 1991, S. 175). Dies führt wiederum zu anderen Problemen. So wissen sie öfters nicht, wessen Anweisung den Vorrang hat. Dies bringt einige Schwierigkeiten mit sich. In einem Konflikt zwischen Pflegedienstleitung und Arzt sind die Pflegekräfte genau in der Mitte. Wenn zwei sich gegensätzliche Anweisungen gegeben werden, befinden sich die Pflegekräfte in einer Zwickmühle. Und häufig sind sie es nicht, die sich dann selber aus dieser Zwickmühle befreien können. Sondern die Leitung und der Arzt müssen sich einig werden.

Zudem glauben viele Pflegekräfte, dass ihr Können, besonders von den Ärzten, unterschätzt wird. Dadurch werden ihnen alle möglichen Aufgaben zugeteilt. Sie erfüllen Aufgaben, die nicht in ihren

Zuständigkeitsbereich fallen. So das sie ihre eigentlichen Aufgaben, für die sie verantwortlich sind, nicht verrichten können. Sie kommen in Zeitdruck. Durch den vielen Schreibkram, den sie erledigen müssen, fühlen sich viele als Sekretär des Arztes. Ihre Meinungen werden aber öfters nicht ernst genommen, was wiederum ihre Arbeitsmoral senkt. Auch kann man nicht von Ansehen dieses Berufes sprechen. Der Beruf der Pflegekraft ist längst nicht mehr mit einem positiven Bild einer fürsorglichen, liebevollen Schwester oder eines Bruders vergleichbar.

Ein weiteres wesentliches Merkmal dieses Berufes ist, dass es mit einer körperlichen Schwerarbeit verbunden ist. Viele Pflegekräfte beschweren sich über verschiedene körperliche Belastungen, die sie hinnehmen müssen. Der Beruf wird fast ausschließlich im Stehen ausgeübt. Ständiges Hetzen und Laufen sind Bestandteile ihres Berufes. Viele Frauen, die von dem Beruf der Pflegeschwester angezogen werden, erleben hier einen weiteren unerwarteten Schock.

4.2.3 Arzt

Nach Freidson (1979, S. 141) ist „das Ziel des praktischen Arztes nicht Wissen, sondern Handeln. Am liebsten möchte er erfolgreich handeln, aber selbst ein Handeln mit sehr wenig Aussicht auf Erfolg wird dem völligen Nichthandeln noch vorgezogen." Der Arzt ist dazu verpflichtet, dem Patienten zu helfen.[4] Die

---

[4] Voltaire soll einmal gesagt haben: „Ärzte schütten Medikamente, von denen sie wenig wissen, zur Heilung von Krankheiten, von

Interessen des Patienten müssen vor den eigenen Interessen stehen. Der Arzt muss zwar kein Erfolg garantieren, aber eine Bemühung um die Erhaltung oder Wiederherstellung der Gesundheit oder um Verminderung des Leidens ist eine unschriftlich gegebene Garantie. Eine wesentliche Aufgabe dabei ist es, der Krankheit des Patienten einen Namen zugeben. Dies ist außerordentlich wichtig. So zeigt der Arzt dem Patienten, dass er das Problem erkannt hat und nun versuchen wird, dieses Problem zu lösen. Daher kann der Arzt zunächst einmal mit der Gesundheit nichts anfangen. „Nur Krankheiten sind für den Arzt instruktiv, nur mit Krankheiten kann er etwas anfangen. Die Gesundheit gibt nichts zu tun, sie reflektiert allenfalls das, was fehlt, wenn jemand krank ist" (Luhmann 1990, S. 197)

Im Kopf der Patienten herrscht das Bild eines immer „eilenden Arztes" (vgl. Schmeling-Kludas, 1988, S. 32), der immer wenig Zeit hat. Der Arzt ist immer in Hektik und hat viel zu tun. Deswegen darf man ihn, aus Sicht der Patienten, nicht andauernd stören[5]. Die Zeit, die der Arzt für den Patienten opfern müsste, wird durch den Einsatz der Technik ersetzt. Die Zeit um eine wirkliche Beziehung zum Patienten aufzubauen, wird immer geringer.

Zudem ist der Beruf des Arztes laut Mayrhofer (1996, S. 74-75) noch von verschiedenen „Inszenierungen von Zeremonien, Riten und Ritualen wie

---

denen sie weniger wissen, in Menschen, von denen sie nichts wissen."
[5] Dafür seien ja die Pflegekräfte da, hieß es in einem Interview.

etwa Visiten oder Krankenbesprechungen" geprägt. „Diese weisen inhaltlich durchaus ein vielfältiges Spektrum auf. Die Inszenierung von Visiten etwa kann ein klassisches ´König & Gefolge´ - Muster oder eine patientenorientierte Ausrichtung aufweisen. Die Kernbotschaft dieser Artefakte: Ärzte erfüllen ihren Heilungsauftrag in einem hochsensiblen Bereich, wobei sie ausgefeilte apparative Instrumente und ein Wissen benutzen, das Außenseitern (d.h. Nicht-Ärzten) nicht ohne weiteres zugänglich ist." Hier wird also eine künstliche Barriere zwischen Ärzten und Nicht-Ärzten aufgebaut. Der Arzt bekommt eine Autorität, die nicht leicht zu brechen ist. Auch dieser Faktor gilt als Konfliktgeladen.

Auffallend ist auch, dass die Ärzte kaum Anweisungen zu befolgen haben. Sie sind in ihren Handlungen relativ freigestellt und besitzen somit eine große Autonomie (vgl. Kampe u. Kracht, 1989, S. 2). Dies kann öfters zu Organisationsproblemen führen. Zwischen den Ärzten herrscht allerdings eine klare Hierarchie.

Der „normale" Arzt sieht sich als Ethiker und wehrt sich gegen Rationalisierung. Er sieht den Patienten nicht als Kunden, und sich selbst schon gar nicht als Manager. Eine Wettbewerbsgemeinschaft kommt für ihn gar nicht in Frage. Die Ärzte genießen keine wirtschaftliche Ausbildung, sondern eine reine medizinische. Aus diesem Grunde sind sie öfters nicht in Entscheidungsprozesse der Organisation allgemein eingebunden. Im §1 der ärztlichen Berufsordnung steht, dass der Beruf des Arztes kein Gewerbe ist. Der Arzt dient der Gesundheit des einzelnen Menschen, sowie des gesamten Volkes. „Er ist seiner Natur nach ein Freier Beruf" (Arnold, Brauer, Deneke, Fiedler, 1984, S. 70).

5.0 Managementkonzepte im Krankenhaus

Vom Krankenhaus erwartet man sowohl Humanität als auch Wirtschaftlichkeit. Laut dem KHNG §17 Abs. 1 Satz 1 werden die Pflegesätze: „[...] auf der Grundlage der vorauskalkulierten Selbstkosten eines **sparsam wirtschaftenden** und leistungsfähigen Krankenhauses" (Hervorhebung durch Autor) bemessen. Um diese zu erreichen, muss das Krankenhaus, wie jedes andere komplexe Unternehmen auch, gemanagt werden. Es müssen also Konzepte her, um die Forderungen zu erfüllen. Forderungen sind Sparsamkeit und Leistungsfähigkeit. Und hier fällt das Stichwort Qualität. Denn letztendlich wird Qualität gefordert. In den USA ist das Thema Qualität in Krankenhäusern seit den 80´ern im Blickfeld der Organisationssoziologen. Seit Anfang der 90´er Jahre ist die Thematik auch bei uns vertreten.

Nur gibt es im Krankenhausbereich ein wesentliches Problem: Das Output kann nicht gemessen werden. Denn das Output des Krankenhauses ist zunächst einmal die „Verbesserung, Wiederherstellung oder Erhaltung der Gesundheit" (Kaltenbach, 1991, S. 18). Und genau diese ist nicht messbar. Wir haben ja schon in der Diskussion über die Definition von Gesundheit und Krankheit schon gezeigt, dass nicht ganz klar ist, was diese beiden Begriffe eigentlich genau bedeuten. Gesundheit wird somit zu einem subjektiven, metaphysischen Phänomen, das sich nicht in wohldefinierte quantifizierbare Einheiten zerlegen lässt (Unterhuber, 1986, S. 69). Und etwas, was nicht klar ist, kann auch nicht wirklich gemessen werden. Dies führt dazu, dass es im Krankenhaus nur sehr schwer oder bedingt möglich ist, die Qualität zu identifizieren, zu messen oder zu kontrollieren. Vielmehr kann sich das von Individuum zum Individuum unterscheiden. Es hängt vom Betrachter ab. Die Definition der Qualität wird somit abhängig vom Ziel des Betrachters (Kaltenbach, 1991, S. 125; vgl. Eichhorn, 1987, S. 38). Und vor allem auch durch das Betrachten des Patienten, der keine „Fehler" sehen will.

Um aber Fehler zu beseitigen, müssen Fehler definiert und gemessen werden. Der Manager versucht, Fehler im Arbeitsablauf oder in der Struktur zu erkennen und Maßnahmen für ihre Beseitigung zu ergreifen. Maßnahmen sind z.B. die Definition von Standards, die eingehalten werden müssen. Der Manager formuliert also Standards. Und dies ist gar nicht so einfach. Genauso wie das vollkommen rationale Handeln eines Individuums nicht existiert, gibt es nicht „die richtigen Standards". Denn um diese zu formulieren, muss sich der Manager Informationen besorgen. Und wie zu erahnen fehlen ihm hier wieder die zwei wichtigsten Faktoren: Zeit und genügend Information.

Für die Gewährleistung von Qualität ist, laut Literatur, das Streben aller Mitarbeiter notwendig. Alle Mitarbeiter müssten überzeugt von ihrer Arbeit sein, um überhaupt die Qualität der Leistungen im Krankenhaus zu verbessern. Also versucht das Management ihre Leute zu Motivieren. „Die Qualität der Krankenhausleistungen kann nur durch das ständige Engagement aller Mitarbeiter gewährleistet und verbessert werden" (Kaltenbach, 1991, S. 3). Die Mitarbeiter müssten sich bewusstwerden, dass es wichtig ist, dass die Qualität ihrer Arbeit von enormer Wichtigkeit ist. Nur im Team könne Qualität entstehen. Cox-Burton (1988, S. 39) schreibt: **„Quality begins and ends with people."** Hierdurch zeigt sich, wie wichtig die Motivation der Mitarbeiter ist. Alle Mitarbeiter müssten in den Qualitätsprozess miteinbezogen werden. Auch müsse ihnen klarwerden, dass sie individuellen Nutzen von dieser Qualität haben werden.

Nun haben sich verschiedene Managementkonzepte im Bereich Krankenhaus entwickelt, die sich mit der Thematik Qualität befassen. Da gibt es z.B. das Total Quality Management (TQM). Dieses Managementkonzept hat das Ziel, Qualität mit niedrigen Kosten zu erzeugen. Entwickelt wurde diese Idee in den 50er Jahren in Japan. Die drei Grundideen dieses Konzeptes sind (Kaltenbach, 1991, S. 148-157):

1. Null-Fehler-Ansatz: Um Fehler zu reduzieren, soll man schon im Vorfeld der Arbeit versuchen, keine Fehler zu machen.

2. Kundenorientierung: Die Kundenwünsche müssen erfasst werden.

3. Systemmanegement: Hier geht es um das Steuern eines Systems. Dazu müssen Aufgaben exakt formuliert und abgegrenzt werden.

Unter den Managementkonzepten im Krankenhaus hat sich aber das KTQ (Kooperation für Transparenz und Qualität im Gesundheitswesen) als erfolgreich erwiesen. Die KTQ-Zertifizierung ist ein krankenhausspezifisches Zertifizierungsverfahren, dass von Experten aus der Krankenhauspraxis unter der Leitung von Vertretern der Spitzenverbände der Krankenkassen, der Bundesärztekammer, der Deutschen Krankenhausgesellschaft und des Deutschen Pflegerates entwickelt wurde. Dieses Zertifikat soll nachweisen, dass ein Qualitätsmanagement vorliegt, da Krankenhäuser laut §§ 135,137 SGB V verpflichtet, ein Qualitätsmanagement einzuführen. Die Entwicklung des Verfahrens wurde finanziell und ideell vom Bundesministerium für Gesundheit unterstützt. Seit 2002 wird dieses Verfahren zur Bewertung des Qualitätsmanagements in Krankenhäusern eingesetzt. Es soll die Leistungen medizinischer Einrichtungen erfassen und deren Qualitätsmanagement bewerten. Ziel dieses Verfahrens ist die Verbesserung und Optimierung von Prozessen und Ergebnissen innerhalb der Patientenversorgung.

In diesen Ansätzen sticht die Kundenorientierung oder die Patientenorientierung besonders hervor. Kunden oder Patienten sind es, die die Qualität wahrnehmen. Nach ihnen wird Qualität definiert. Dies scheint aus Sicht der Experten notwendig, damit die Krankenhäuser durch die wachsenden Anforderungen und Konkurrenzen noch bestand haben können.

5.1 Kundenorientierung

Das Wort „Kunde" bedeutet „Bekannter", „Eingeweihter" oder „Einheimischer". Seit dem 16.Jahrhundert wird es jedoch als jemand bezeichnet, der

„in einem Geschäft (regelmäßig) Käufer oder Bekannte" ist. Kunden können sowohl Personen als auch Organisationen sein, die Produkte oder Dienstleistungen beziehen. Somit kann man Kunden als die tatsächlichen oder potenziellen Käufer der angebotenen Leistungen eines Unternehmens verstehen. Der Begriff „Patient" ist lateinisch und bedeutet übersetzt „erleidend" oder „erduldend". Als Patienten werden Menschen bezeichnet, die Krank sind und nur bedingt selbst entscheiden können, wann und welches Krankenhaus sie besuchen. Allerdings können sie entscheiden, ob sie wiederkommen oder nicht (Baumgart-Fütterer und Hug, 2001, S. 418). Und dies hängt davon ab, ob ihre Erwartungen in der Organisation Krankenhaus erfüllt werden oder nicht. Um diese Erwartungen so gut wie möglich zu erfüllen, setzen die Krankenhäuser auf Kundenorientierung bzw. Patientenorientierung.

Patientenorientierung ist z.B., dass man sich um den Patienten auch außerhalb des Krankenhauses kümmert. Wenn der Patient entlassen wird, wird er weiterhin vom Krankenhaus betreut. Es entsteht ein Organisationsprozess. Der Patient muss durch mehrere Organisationen, genauer Behandlungsketten. Dies hat zur Folge, dass sich Organisationen verkoppeln müssen. Unter Kundenorientierung versteht man Sachen wie Besseres Essen, Nettes Pflegepersonal oder Internetportal für die Besucher. Durch die Kundenorientierung findet eine Umstrukturierung in allen Bereichen des Krankenhauses statt. Der Patient ist keine Nummer mehr, sondern ein Kunde, dessen Wüsche erfüllt werden sollen. Die Erfüllung und Befriedigung dieser Kundenwünsche ist laut diesem Konzept eine existenzielle Notwendigkeit für das Krankenhaus. Und dies gelange vor allem durch Qualität. Auch hier ist aber nicht klar, wie die Patienten die Qualität des Krankenhauses erkennen können. Sie kennen die Gesundheitsleistungen nicht. Dazu fehlen ihnen die nötigen Informationen. Ein Vergleich zwischen den Krankenhäusern ist bisher nicht möglich gewesen.

Doch das soll sich ändern. Gemäß den gesetzlichen Vorschriften nach § 137 SGB V müssen Krankenhäuser ab 2005 einen Nachweis über ein internes Qualitätsmanagement erbringen. In §137 Abs. 1 Satz 3 Nr.6 SGB V ist vorgegeben, dass Inhalt und Umfang eines im Abstand von zwei Jahren zu veröffentlichenden strukturierten Qualitätsberichts in einer Vereinbarung auf Bundesebene zu regeln sind. Diese Berichte werden dann im Internet veröffentlicht, so dass sich die Patienten ein Bild von den verschiedenen Krankenhäusern machen können. Sie dienen somit als Entscheidungshilfe bei der Auswahl einer medizinischen Einrichtung. Sie machen das Leistungsgeschehen in medizinischen Einrichtungen transparent und bieten damit erstmals die Möglichkeit, Einrichtungen und Ihre Arbeit objektiv miteinander zu vergleichen. Sie geben damit Orientierung und helfen dabei, Entscheidungen zu treffen.

Die Ziele des Qualitätsberichtes umfassen

1. Information und Entscheidungshilfe für Versicherte und Patienten im Vorfeld einer Krankenhausbehandlung,

2. eine Orientierungshilfe bei der Einweisung und Weiterbetreuung der Patienten insbesondere für Vertragsärzte und Krankenkassen,

3. die Möglichkeit für die Krankenhäuser, ihre Leistungen nach Art, Anzahl und Qualität nach außen transparent und sichtbar darzustellen.

Der Grundgedanke ist also, Qualität sichtbar zu machen. Was der Patient aber auch wahrnimmt, sind die verschiedenen Extraangebote des Krankenhauses. Diese sind z.B. die Erfüllung von medizinisch nicht notwendigen Wünschen, wie z.B. ein Glas Wasser oder das Aufschütteln des Bettes vor dem Empfang von Besuch für den Patienten, die zum Teil erhebliche Komfortsteigerung bedeuten und wesentlich zum Wohlbefinden beitragen. Oder auch Sachen wie Raumbelüftung, Zimmertemperatur oder die Sauberkeit der Patientenräume (Kaltenbach, 1991, S. 134-135; Hofer, 1985, S. 164). Diese „Kleinigkeiten" und Komfortbedingungen verwandeln das Krankenhaus in eine Art Hotel. Diese fallen dem Patienten auf. Sie werden zu Qualitätskriterien und steigern den Ruf des Krankenhauses. Und dieser, also der Ruf des Krankenhauses, ist laut Kaltenbach (1991, S. 136) „oftmals die einzige Qualitätsinformation, über die Patienten vor einem Krankenhausaufenthalt verfügen."

Niedergelassene Ärzte sind für das Krankenhaus ebenfalls wichtig. Auch sie sind Kunden des Krankenhauses. Sie gehören zu Systemkunden. Häufig entscheidet der niedergelassene Arzt, in welches Krankenhaus der Patient eingewiesen wird. Selten wird dem Arzt widersprochen. Daher versucht das Krankenhaus auch auf die Wünsche und Bedürfnisse dieser Ärzte einzugehen. Ein Qualitätsmerkmal für die niedergelassenen Ärzte ist z.B. der Arztbrief mit Pünktlichkeit, Vollständigkeit und Richtigkeit (Kaltenbach, 1991, S. 185).

Weitere Kunden sind die hausinternen Kunden. Dies sind alle Personen, die miteinander arbeiten. Der Kunde der Röntgenabteilung ist z.B. der Arzt, der mit den Röntgenbildern weiterarbeitet. Alle Personen, die sich mit Informationen versorgen, stehen in Kundenbeziehungen. Auch Organisationen, die in der Produktionskette mit Outputs versorgt werden nehmen mittlerweile eine Kundenrolle ein (vgl. Tacke u. Wagner, 2002 S. 4; Max, 1996). Demnach sind Hausärzte, Krankenkassen, Behörden, ambulante Dienste, die Angehörigen und die Öffentlichkeit als Kunden des Krankenhauses zu verstehen.

6.0 Hypothesen

Das Krankenhaus ist primär an der Wiederherstellung und Erhaltung der Gesundheit interessiert. Aber wie alle anderen Organisationen auch, sind Krankenhäuser geldabhängig und müssen ihre Kosten kalkulieren. Durch die Gesundheitsreformen sehen sich Krankenhäuser einer zunehmenden Managementisierung, genauer Ökonomisierung, gegenüber. Sinn des Einsatzes von Managementkonzepten ist die Absorption von Unsicherheiten. Augenscheinlich verbleibt die Managementisierung nicht auf der Ebene des „Managements", also der Verwaltung, sondern nimmt auch in andere Bereiche, wie Ärzteschaft und Pflegepersonal, Einzug. Da aber diese anderen Bereiche nicht (betriebs-) wirtschaftlichen Rationalitäten folgen, entstehen Konflikte und Brüche.

Somit lauten meine Hypothesen:

1. **Eine Managementisierung findet ihren Einzug in alle Ebenen des Krankenhauses.**

Durch den wachsenden Druck und den Forderungen (ausführlich beschrieben in den anderen Kapiteln) entsteht im Krankenhaus die Notwendigkeit zur Umstrukturierung. Abläufe müssen genauestens geplant, organisiert und kontrolliert werden. Jeder Bereich des Krankenhauses, nicht nur die Verwaltung, muss erfasst werden. Diese neue Aufgabe, nämlich des Managers, findet ihren Einzug im Krankenhaus.

Es kommt zu einer Managementisierung in allen Bereichen.[6]

2. Da diese Managementisierung in allen Ebenen stattfindet, kommt es in den nicht betriebswirtschaftlichen Bereichen Arzt und Pflege zu Konflikten.

Die Einführung von Managementinstrumenten erfordert neue organisatorische Elemente. Es ist eine Neuorientierung aller Bereiche notwendig. Berufsgruppen, die nicht betriebswirtschaftlich arbeiten und denken müssen sich nun umstellen. Genau hier, so lautet meine Hypothese, entstehen Konflikte, da die Mitarbeiter nicht auf diese Veränderungen vorbereitet sind.

---

[6] Hier soll noch einmal betont werden, dass es ein Management schon immer gab. Neu ist, dass es in dem Umfang ist, dass es alle Ebenen erreicht. Die Betonung der Hypothese liegt auf „alle".

7.0 Methodischer Rahmen

Als Erhebungsmethode wurden drei verschiedene Forschungsmethoden ausgesucht: Experteninterviews, nicht-teilnehmende Beobachtung und Dokumentenanalyse.

Es wurden 15 Mitarbeiter aus den verschiedenen Bereichen des Krankenhauses interviewt. Außerdem kam es zu einigen kurzen Gesprächen mit Patienten. Die Interviews wurden mit einem Tonband aufgezeichnet. Die Fragen wurden je nach Bereich ausgewählt. Es waren qualitative Leitfadeninterviews, speziell Experteninterviews, die zwischen 45 Minuten und 2 Stunden dauerten. Der Grund, warum Experteninterviews durchgeführt wurden ist, dass bei dieser Methode nicht der Befragte als ganze Person im Vordergrund steht, sondern nur in seiner Eigenschaft als Experte für ein bestimmtes Handlungsfeld. Die Experten dienen somit jeweils als Repräsentanten ihrer Berufsgruppe. Daher wurden als Interviewpartner Personen ausgewählt, die repräsentativ für ihre Berufsgruppe waren und von denen man annehmen konnte, dass sie ein hinreichendes Bild ihrer Berufsgruppe liefern konnten. Bestimmte Fragen des Interviews wurden vorher festgelegt. Einige Fragen wurden und mussten gleichermaßen an alle drei Bereiche gerichtet werden. Dies war sinnvoll, um Unterschiede, falls es sie gibt, zu erkennen. Durch die Interviews sollten Informationen über die Struktur des Krankenhauses ermittelt werden. Vertraulichkeit und Anonymität wurde vor jedem Interview noch einmal zugesichert. Am Ende wurde jedes einzelne Interview transkribiert und anhand der Interviews wurden Kategorien (siehe Kapitel 9) gebildet.

Die Untersuchung bestand auch aus nicht-teilnehmenden, deskriptiven Beobachtungen. Dies sollte dazu dienen, um zu schauen, wie die Umsetzung der Konzepte in der Praxis aussieht. Gegenstand dieser Methode ist das „soziale Handeln" der zu Untersuchenden. Es muss aber berücksichtigt werden, dass eine nicht-teilnehmende Beobachtung nur begrenzt möglich war. Dies hatte mehrere Gründe, z.B. Zeit und Intensität waren zu wenig. Weiterhin nimmt man die Rolle eines Forschers an, was sicherlich die Ergebnisse subjektiv verfärbt. Als Beobachtungsfeld dienten mir u.a. der Empfangsbereich, das Info-Zimmer und auch Behandlungszimmer. Der Grund, warum eine nicht-teilnehmende einer teilnehmenden Beobachtung bevorzugt wurde ist, dass eine teilnehmende Beobachtung durch die Anwesenheit und das Handeln des Beobachters die Ereignisse beeinflussen kann. Man muss sich dadurch nicht auf mehrere Sachen konzentrieren, sondern kann sich gleich Notizen machen. Somit wurden zwei Konstruktionen verfolgt: 1.) beobachten und Protokolle schreiben. 2.) Protokolle auswerten.

Eine Dokumentenanalyse wurde ebenfalls angewandt. Verschiedene Texte, wie z.B. Informationsblätter an Patienten, Internetauftritt, Geschichte und Struktur des Krankenhauses wurden auf die Fragestellung hin untersucht. Auch Qualitätsberichte waren Gegenstand dieser Analyse. Die Krankenhäuser sind dazu verpflichtet, Qualitätsberichte zu schreiben, die im Internet veröffentlicht werden. Dieses galt als eine wichtige Quelle für meine Informationen. Hier hatte ich die Möglichkeit zu schauen, wie dieses neue Konzept verstanden und umgesetzt wird. Es kann hier zu Reformen in der Organisation kommen. Da musste man schauen, wie diese das Krankenhaus beeinflussen.

Zuletzt soll noch einmal erwähnt werden, dass weder der Name des Krankenhauses, der Mitarbeiter, noch der Name der Stadt aus forschungs-ethischen Gründen irgendwo erwähnt werden. Es wurde dem Krankenhaus zugesichert, dass, falls Interesse besteht, das Endbericht oder ein Teil davon dem Krankenhaus zur Verfügung gestellt wird.

8.0 Fallstudie in Kleinstadt

Im folgenden Teil geht es um die historische Entwicklung des Krankenhauses in Kleinstadt und um ihre Organisationsstruktur. Die Daten wurden per Dokumentenanalyse ermittelt.

8.1 Die Entwicklung des Krankenhauses in Kleinstadt

Das Krankenhaus befindet sich in einer Kleinstadt mit 20000 Einwohnern. Es wurde vor fast 130 Jahren von den Bürgern der Stadt gestiftet und ist eine Stiftung privaten Rechts. Schon damals wurde erkannt, dass eine Krankenhausversorgung vor Ort stattfinden musste. Die Trägerkommunen sind zwei Gemeinden. Die historische Entwicklung des Krankenhauses konnte ich an Hand einer Dokumentenanalyse folgendermaßen aufstellen:

1869: Erster Aufruf zum Baue eines Krankenhauses
1874: Baubeginn
1876: Einweihung des Krankenhauses
1883: Einrichtung einer Isolierstation
1900: Anbau eines Operationszimmers und Einbau einer Zentralheizung
1901: Erweiterungsbau
1927: Bauliche Erweiterung um ein neues Vollgeschoss; Einrichtung einer hauptamtlichen Chirurgischen Abteilung
1950: Einrichtung einer hauptamtlichen Inneren Abteilung
1959: Einrichtung eines Schwesternwohnheimes

1961: Angliederung einer Krankenpflegeschule
1965: Erweiterungsbau mit 105 Betten
1966: Bau einer Kapelle
1988: Beteiligung am Notarztsystem im Kreis
Gütersloh
1989: Neubau des Eingangsbereichs und der
Liegendkrankenzufahrt
1995: Stationierung des Notarzteinsatzfahrzeugs am
Krankenhaus
1996 - 1998: Gesamtrenovierung der Bettentrakte;
Neubau der Fassade; Umbau der
Patientenzimmer mit Nasszelle; Einbau einer
Brandmeldeanlage; Eröffnung einer
Patientencafeteria mit Gartenterrasse
2002: Anbindung der Notdienstpraxis der
niedergelassenen Ärzte
2003: Erweiterung der Patientencafeteria; Angebot
von Frühstücksbuffet; Mittagstisch mit
Salatbar, Kaffee und Kuchen; Menüservice
außer Haus
2004: Neugestaltung der Station und Ambulanz für
Lungen- und Bronchialheilkunde,
Allergologie; Neugestaltung der Gynäkologie,
des Kinderzimmers und des Kreißsaals;
Einrichtung einer Zentralen Patienten- und
Notfallaufnahme; Neugestaltung des
Eingangsbereichs und der Pforte

Hier fällt schon einmal auf, dass die
Veränderungen der letzten 10 Jahre schon in Richtung
Kundenzufriedenheit gehen. Die Ständige Neugestaltung
des Eingangsbereichs, die Cafeteria mit Gartenterrasse,
die Erweiterung dieser Cafeteria, Angebot von

Mittagstisch mit Salat usw. und vor allem Menüservice außer Haus. All dies zeigt, dass eine Neugestaltung stattfand. Das Krankenhaus ist nicht nur bemüht, um Notwendige Einrichtungen zu bauen, sondern auch Veränderungen zu machen, die zwar aus medizinischen Gründen nicht notwendig sind, aber der Kundenzufriedenheit dienen.

8.2 Organisationsstruktur

Die Organisationsstruktur des Krankenhauses in Kleinstadt sieht folgendermaßen aus:

Abbildung 1: Organisationsstruktur des Krankenhauses in Kleinstadt

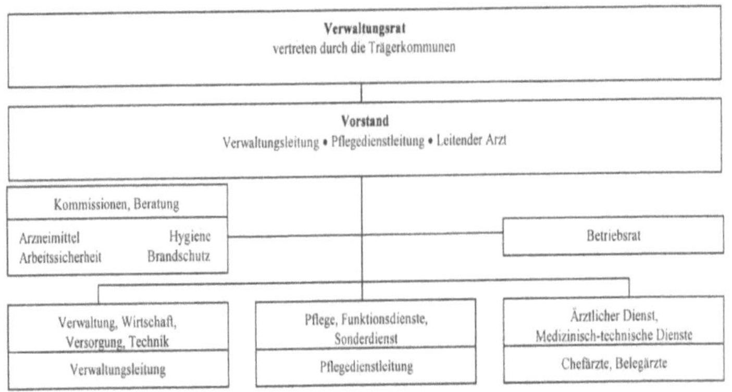

Der Verwaltungsrat steht über dem Vorstand. Der Vorsitzende des Verwaltungsrates ist abwechselnd einer der Bürgermeister der zwei Trägergemeinden des Krankenhauses. Im Vorstand sitzen Vertreter der drei Berufsgruppen Verwaltung, Pflege und Arzt. Zudem gibt es verschiedene Komissionen und einen Betriebsrat. Die drei Berufsgruppen haben unter sich auch eine Leitung, die dem Vorstand untergeordnet ist. Diese Leitungen haben unterschiedliche Entscheidungs- Kontroll- und Weisungsbefugnisse. Aber keine dieser Berufsgruppen hat Weisungsrecht gegen die anderen Gruppen. Dies erfolgt nur durch den Vorstand. Auch die Leitungen haben verschiedene Teilbereiche. Z.B. gibt es in der ärzlichen Leitung die Bereiche „Innere Medizin" oder „Chrirurgie". Auch diese Gruppen haben untereinander kein Weisungsrecht. Insgesamt hat das Krankenhaus 257 Mitarbeiter, davon 146 (56,80%) in der Pflege, 47 (18,29%) in der Verwaltung, 26 (10,12%) Ärzte und 38 (14,79%) im medizinisch-technischem Dienst.

9.0 Auswertung der Ergebnisse

Um die Ergebnisse der Interviews auszuwerten wurden Kategorien gebildet. Die Unterkapitel, die jetzt folgen, sind diese Kategorien. Um es dem Leser zu erleichtern, wird nach jedem Unterkapitel eine Zusammenfassung folgen.

9.1.0 Teamarbeit und Kommunikation

In den Interviews aller Berufsgruppen kamen zwei Begriffe besonders vor: „Team" und „Kommunikation". Jeder Bereich sah dies als eine absolute Notwendigkeit an. Sowohl das ganze Krankenhaus, als auch Stationen untereinander wurden als Team bezeichnet. Die Kommunikation galt als Verbindungsstück zwischen und in den Teams. In den Teams müsse kommuniziert werden, da Informationen ausgetauscht werden müssen. Eine Ärztin gab als Beispiel für einen Grund dieser Notwendigkeit folgendes an: *„Z.B. haben wir jeden Morgen eine Frühbesprechung. Das findet jeden Tag statt. Das ist dann eine Übergabe. Dem Kollegen, der gerade kommt, wird kurz erzählt, welcher Patient was hat. So gesehen, arbeiten wir als Station in einem Team. Also, wir sind ein Team. Und wir verstehen uns gut miteinander."*[7] Nachdem ein Arzt seine Schicht beendet hat, muss der nächste Arzt über die Patienten informiert werden. Die Ärzte, die sich abwechseln und zusammen auf einer

---

[7] Im Folgenden sind alle Interviewzitate kursiv gekennzeichnet. Falls es bei den Zitaten nicht explizit angegeben wird, spricht immer noch die gleiche Person, die jeweils vorher zitiert wurde.

Station arbeiten, müssen ständig Informationen austauschen.

So geht es auch den Pflegekräften. Diese machen dreimal täglich eine Übergabe. Die Nachtschicht muss der Frühschicht Informationen über die Patienten liefern. Die Frühschicht informiert dann nach Arbeitsende die Spätschicht und die wiederum die Nachtschicht. Somit wurde unter den Stationen die Teamarbeit hochgelobt. So hieß es in einem Interview: *„Teamarbeit ist das höchste. Wenn wir nicht ein Team werden, verlieren wir alle. Erfolgreiche Stationen kennzeichnen sich durch Teamwork.“* Die Stationen sehen sich als ein Team. Jede Station für sich ist ein Team. Falls dies nicht so praktiziert wird, *„verlieren ... alle“* hieß es im Interview. Um nicht zu verlieren, setzen die Stationen auf Teamarbeit.

Dies ist auch im Interesse der Verwaltung. Die Pflegedienstleitung z.B., die zu der Berufsgruppe Verwaltung gehört, sagte im Interview folgendes: *„Die Teamarbeit ist sehr wichtig. Ich würde sagen, das ist das allerwichtigste. Wenn das nicht funktioniert, klappt die Arbeit nicht.“* Damit die Verwaltung die Arbeit im Krankenhaus regeln kann, sei es Notwendigkeit, dass sich die Stationen untereinander als Team begreifen, denn nur so funktioniere die Arbeit, argumentiert die Verwaltung. *„Man muss gut zusammenarbeiten. Dies ist notwendig. Die Zusammenarbeit ist notwendig.“* Nur so, durch die Zusammenarbeit, ergeben sich gute Ergebnisse, die für die Verwaltung wichtig seien. Der stellvertretende Verwaltungsleiter sagte: *„Die Zusammenarbeit ist unbedingt erforderlich. Erst einmal im eigenen Team.*

Also eine Station untereinander. Wichtig ist ganz klar auch, dass die einzelnen Abteilungen miteinander gut auskommen. " Das sei notwendig. Schließlich arbeite man nicht nur auf seiner eigenen Station, sondern man sei auch auf die anderen Bereiche im Krankenhaus angewiesen.

Und hier ist, laut der Verwaltung, eine gute Kommunikation untereinander erforderlich: *"Also die Kommunikation ist das A und O in einer Organisation. Es ist das aller wichtigste. Wenn die Kommunikation gestört ist, funktioniert die Arbeit nicht. Hierbei verliert man sehr viel Zeit und Energie. Da gibt es immer Reibungspunkte. Konfliktpotential ist sehr hoch. Und die Lösung dieser Konflikte ist nicht immer einfach. Es geht dabei sehr viel Energie verloren, weil man nicht richtig kommuniziert. Manchmal denke ich, dass wir gar keine Patienten brauchen, die Konflikte sorgen schon für viel Arbeit.* " Es ist also eine ungestörte Kommunikation von Nöten, damit die Arbeit in einer Organisation funktioniert. Bei schlechter oder gestörter Kommunikation entstehen Konflikte, worin Zeit und Energie, welche für die Arbeit genutzt werden könnten, verschwendet werden.

Zu Konflikten kann es immer wieder einmal kommen. Besonders unter den Pflegekräften werden Konflikte häufig registriert. *"Die Station selbst ist ein Team. Aber darüber hinaus ist es oftmals kein Team.* " hieß es in einem Interview mit der Verwaltung. Hier wurde deutlich gemacht, dass die Stationen eigentlich ein Team sind und auch so aufgefasst werden. *"Doch in der Praxis sieht es nicht immer so aus.* " Missverständnisse seien die Regel. Diese Arten von Konflikten versucht man intern zu lösen. Oft setzt man sich hier zusammen an einen Tisch und *„diskutiert aus"*. So werden die Probleme auf einer Station gelöst. Aber oftmals kommt es auch zu Konflikten zwischen den verschiedenen Stationen. Die Verwaltung hierzu: *„Das heißt, die Station selbst ist ein Team. Da läuft es untereinander gut. Aber die Stationen untereinander: da läuft es nicht immer gut."* Dies ist wiederum nicht im Sinne der Verwaltung. Diese wünschen sich, dass alle Stationen gemeinsam und kooperativ arbeiten. Dies sei eine Voraussetzung für ein gutes Krankenhaus, wo sich die Patienten auch wohlfühlen. Denn wenn es Probleme gibt, würde sich das auch auf Patienten übertragen. Der stellvertretende Verwaltungsleiter sah die Lösung des Problems im Aufstellungen von klaren Strukturen: *„Manchmal würde ich mir wünschen, dass die Kommunikationsstrukturen manchmal klarer sind."* Je klarer die Strukturen sind, so könnten, so der Interviewpartner, *„die Stationen untereinander, aber auch die Verwaltung besser arbeiten."*

Da nun aber keine festen Strukturen[8] in diesem Sinne vorhanden sind und da in einem Krankenhaus mehrere Berufsgruppen aufeinander treffen, kommt es, ob man will oder nicht, zu Reibungspunkten und Spannungsmöglichkeiten. Ich werde nun in den kommenden Unterkapiteln zwei Spannungsfelder

---

[8] Als Lösung dieses Strukturproblems wurde die Einführung eines Qualitätsmanagements gesehen. In den Interviews mit der Verwaltung wurde immer wieder betont, dass ein Managementkonzept von Nöten sei. Die werde ich in einem speziellen Unterpunkt behandeln.

aufzeigen, die in den Interviews am Meisten genannt wurden. Beim ersteren geht es um die Kommunikationsprobleme zwischen Arzt und Pflege. Das zweite ist ein Fallbeispiel. Und zwar handelt es sich um die Einführung der Dispensa, die von den verschiedenen Stationen anders aufgefasst und bewertet wird. Wichtig ist bei diesem zweiten Fall, dass die Idee dieser Einführung nicht von der Verwaltung, sondern von einer Station kam.

9.1.1 Arzt und Pflege

Die Arbeit zwischen Arzt und Pflege kann man öfters repräsentativ für Kommunikationsstörungen sehen. In den Interviews fielen Sätze wie dieses Zitat: *„Patienten sind öfters irritiert, wenn der Arzt und die Pflegekräfte nicht zusammenarbeiten."* Die Pflegekräfte stehen ständig im Kontakt mit den Patienten. Wenn sie aber andere Informationen als die Ärzte vermitteln, bringe das die Patienten durcheinander. Daher gaben sowohl Ärzte als auch das Pflegepersonal an, dass *„die Kooperation zwischen Arzt und Pflegekräfte reibungslos funktionieren muss, um den Patienten zufrieden zustellen."* Doch das gelingt nicht immer. Die Unkoordiniertheit zwischen Arzt und Pflege führt dazu, dass sich die Patienten wie „auf einem Bahnhof" (vgl. Brown, 1965, S.10) fühlen. Viele Pflegende beklagten sich in den Interviews über negative Kommunikation mit dem Arzt. Sie, die Ärzte, würden sich nicht auf der gleichen Verständigungsebene befinden. Und so fühlten sich die Pflegekräfte oft nicht ernst genommen.

Dem Pflegepersonal zu folge, könnten solche Konflikte und Probleme zwischen Ärzten und Pflegekräften gelöst werden, würde man *„dem Pflegepersonal mehr Entscheidungsfreiheit oder mehr Einfluss auf ihre Arbeit geben."* Dies konnte man z.B. bei Stationsleitern sehen, die mehr Einfluss auf ihre Arbeit haben, als die „normalen" Pfleger. Es war zu beobachten, dass diese sich viel besser mit dem Arzt verstehen.

Dieser Konflikt zwischen Arzt und Pflegepersonal steht im Gegensatz zu den Vorstellungen der Verwaltung, das Krankenhaus im völligen Konsens zu betrachten. Es entspricht nicht dem Konzept der Kundenorientierung, da Kommunikationsstörungen zwischen Arzt und Pflege direkt auf den Patienten übertragen werden. Die verschiedenen Berufsgruppen, also Pflege, Arzt und Verwaltung, müssten, so die Verwaltung, *„im ständigen Kontakt und vor allem Konsens sein, damit die verschiedenen Arbeitsabläufe ohne Hindernisse funktionieren.".* Das Motto der Verwaltung lautet: *„Eine gute Kooperation führt zu guter Arbeitsqualität."* Die einzelnen Stationen müssten sowohl untereinander als auch miteinander zusammenarbeiten. Der letzte Punkt, das Miteinander, klappt nicht immer. Viele Stationen sehen sich als Konkurrenten. Dies führt zu gegenseitigen Störungen. Häufig sind es aber Missverständnisse und der gleichen, die zu Problemen untereinander führen. Ein Beispiel hierfür wird im nächsten Unterkapitel behandelt. Hier geht es um die Einführung der Dispensa, die von einer Station vorgeschlagen wird.

9.1.2 Stationen untereinander

Nun wird ein kleines Beispiel wiedergegeben. Dieses Beispiel soll zeigen, was passieren kann, wenn etwas ganz Neues eingeführt wird. Und zwar handelt es sich um die Einführung der Dispensa. Bis vor drei-vier Jahren wurden in allen Abteilungen kleine Töpfchen für das Verteilen von Medikamenten benutzt. Diese wurden je nachdem 3-4mal am Tage, z.B. morgens, mittags, abends, nachts an die Patienten verteilt. Eine Pflegekraft war immer damit beschäftigt, diese Medikamente aufzustellen, was viel Zeit in Anspruch nahm. Oft kam es auch vor, dass die Töpfchen umfielen, so dass feste oder flüssige Medikamente, die sich darin befanden, nicht mehr benutzbar waren. Nun kam es vor ca. drei Jahren zu folgender Veränderung. Eine Station führte die Dispensa ein. Die Dispensa ist eine lange Schachtel, in der sofort alle Medikamente des ganzen Tages eingelegt werden können. Man kann also sofort die Medikamente für morgens, mittags, abends, nachts reinlegen. Somit teilt man sie nur einmal, nämlich morgens, an die Patienten aus. Da die Schachtel von oben zugemacht wird, fallen die Medikamente auch nicht heraus.

Die Idee hatte die Station von einer anderen Klinik. Zunächst bezahlten sie die Dispensas von ihrem eigenen Stationsgeld. Als Begründung für den Einsatz wurde im Interview gesagt: *"Wir haben gesehen, dass die Arbeit dadurch einfacher und schneller ist."* Als nächstes wurde es der Pflegedienstleitung vorgeschlagen. Auch die waren davon überzeugt, so dass sie es auch den anderen Stationen vorschlugen, diese zu benutzen.

Zudem sei die Dispensa kostengünstiger als die Töpfchen, was auch für sie sprach.

Es blieb aber nur bei einem Vorschlag der Pflegedienstleitung. Es wurde nicht zur Pflicht. Die Station, die es einführte, sagte zu dem, dass es nicht alle Stationen so positiv sehen wie sie. *„Manche sind dagegen. Immer wenn es etwas Neues gibt, sind die Leute dagegen. Daher haben es noch nicht alle."* Hier kam also zum ersten Mal ein Wettbewerbs-, Konkurrenz- oder Neidgedanke zu Tage. Aus diesem Grunde wurden alle Stationen einzeln interviewt, um zu schauen, was sie für Argumente für oder gegen die Dispensa haben. Folgend werden die Stationen einfach als Station a, b, c usw. bezeichnet, wobei die Station, die es einführte als Station a bezeichnet wird und somit mit Station b begonnen wird.

Station b:
Der Pflegedienstleiter soll persönlich vorbeigeschaut haben und von der Dispensa erzählt haben. Die Station entschied sich dann, es einzuführen, mit dem Argument, es sei *„...viel leichter damit. Die Arbeit ist mit weniger Zeitaufwand verbunden. Mann kann viel schneller die Tabletten stellen. Bei uns stellt das die Nachtschwester bereit. Und fertig ist es. Somit haben wir mehr Zeit für andere Arbeiten."* Die Dispensa wurde in diesem Interview gelobt, da es damit zu keiner Tablettenverschwendung käme, wie bei den Töpfchen, bei denen es die Gefahr gab, umzufallen. Auch den Patienten sollen die Dispensa sehr gefallen. So wollen es manche sogar mit nach Hause nehmen, dürfen es aber nicht. Auf die Frage, ob es alle Stationen eingeführt

haben, kam die Antwort *„Nein!"* mit einem *„Die meinen, es wäre nicht nötig."* als Anhang.

Station c:

Die nächste Station argumentierte für den Einsatz der Dispensa kurz und knapp: *„Es ist einfacher, praktischer und besser."* Auch hier wurde wieder verdeutlicht, dass die Gefahr, Tabletten umzukippen, nicht mehr vorhanden sei. Für die Patienten sei es ebenfalls viel einfacher, damit umzugehen. *„Sie verwechseln dadurch keine Tabletten."* Vorgeschlagen hätte es damals die leitende Schwester der Station. Zunächst wurde es hier kurz ausprobiert und dann ebenfalls eingeführt. *„Für uns war der Umgang mit den alten Töpfchen viel schwieriger. Die fielen immer um."* Weniger Verständnis zeigte man denen, die es nicht einführten: *„Es gibt immer welche, die, keine Ahnung, immer etwas Anderes machen."*

Station d:

Nun wurde eine Station interviewt, die die Dispensa nicht einführte. Die Töpfchen seien zwar schlecht, aber die Station könne nicht darauf verzichten, hieß es. *„Deswegen haben wir die nicht eingeführt, weil wir ja sonst doppelte Arbeit hätten."* Die Station müsse dann sowohl die Dispensa als auch die Töpfchen verteilen. Also wurde die Dispensa ganz weggelassen, da man auf sie verzichten kann, aber nicht auf die Töpfchen. Dass es für die Patienten leichter sein könnte, war der Station allerdings auch klar, aber für die Schwestern gäbe es zwischen der Dispensa und der Töpfchen keine großen Unterschiede. Hier wird deutlich, dass eingesehen wird, dass es für die Patienten zwar leichter ist, aber für die

Schwestern wiederum schwerer. Man entschied sich hier für die Mitarbeiterinnen.

Station e:

Auch die letzte Station des Hauses hatte die Dispensa nicht eingeführt. Hier wurde damit argumentiert, dass sich auf der Station *„viele alte und verwirrte Patienten, die damit nicht umgehen können"*, befinden. Deswegen sei es hier nicht nötig gewesen. Die Patienten auf dieser Station bekämen alle ihre Medikamente aus den Händen des Pflegepersonals, weil sie damit selber nichts anfangen könnten.

Verwaltung:

Die Verwaltungsabteilung ist für den Einsatz der Dispensa. Als Argumente fielen in dem Interview folgende Sätze: *„Das ist dann viel einfacher. Man spart viel Zeit.". „Der Durchlauf ist schneller. Man braucht nicht mehr 3mal am Tag zu verteilen."* Laut der Verwaltung verringert sich also die Arbeitszeit, welche dann für andere Arbeiten genutzt werden kann. Zeit ist Geld. Weiterhin hieß es im Interview mit der Verwaltung, dass die Dispensa günstiger sei als die Töpfchen: *„Außerdem war das billiger. Dann haben wir beschlossen, in allen Stationen diese Dispensa einzuführen. Wir haben einen Lieferanten gefunden, der uns das günstig liefert. Haben es der Pflegedienstleitung weitergegeben und die dann den Stationen. Die hat die Anweisung erteilt. Und das klappt jetzt auch."* Zunächst wurde also geschaut, wie viel das kostet. Es wurde mit den Töpfchen verglichen. Da es sich als günstiger erwies, suchte man dann nach dem günstigsten Lieferer für die günstigen Dispensas. Die Verwaltung erhofft sich dadurch weniger Kosten und weniger Arbeitszeit.

Als Ergebnis können wir folgendes festhalten: Bevor etwas Neues eingeführt wird, wird es von der Verwaltung gründlichst untersucht. Wenn es sich als günstig und qualitativ erweist, wird es eingeführt. Allerdings hatten bei diesem Fall die Stationen selbst die Entscheidungen in der Hand, ob sie es tatsächlich einführen oder nicht. Und dies entschieden sie wiederum, in dem sie, ähnlich die Verwaltung, erst schauten, ob es sich lohnte, das Neue einzuführen. Da die Idee dieser Einführung von einer Station kam, sehen es die Stationen als Neid oder Konkurrenzgedanken an, wenn sich eine Station dem nicht anschließt. Und das ist auch das Entscheidende, warum dieses Beispiel hier skizziert wurde. Wichtig ist die Sicht der Stationen untereinander. Keine der Stationen, die es einführten, zeigten Verständnis für die Stationen, die es nicht einführten.

<table>
<tr><td colspan="2">Zusammenfassung des Kapitels:</td></tr>
<tr><td>•</td><td>Teamarbeit und Kommunikation werden als Notwendig angesehen</td></tr>
<tr><td>•</td><td>Konflikte können entstehen; sie rauben Energie und Zeit</td></tr>
<tr><td>•</td><td>Konflikte häufig unter den Stationen und zwischen Pflege und Arzt</td></tr>
<tr><td>•</td><td>Klare Strukturen als Lösung von Kommunikationsproblemen</td></tr>
</table>

9.2 Qualitätsberichte

Wie schon in den vorigen Kapiteln erwähnt, müssen Krankenhäuser seit 2005 einen Qualitätsbericht erstellen. In dem Krankenhaus in Kleinstadt wurde hierfür jemand beauftragt, der früher auf einer Station als Pfleger arbeitete und aus Gesundheitsgründen in die Verwaltung wechselte. Zunächst machte der Herr eine kaufmännische Fortbildung. Dann erhielt er einige Vorlagen von alten Qualitätsberichten. Bisher waren Qualitätsberichte freiwillig. Somit konnte man auch die Inhalte selber bestimmen. Nun gibt es aber einen Katalog, worin genau steht, was rein muss. Die bisherigen Berichte beziehen sich nicht auf diesen Katalog. Der Beauftragte verglich die alten freiwilligen Berichte anderer Krankenhäuser mit dem Katalog und versucht so den Bericht vorzubereiten. Nachdem er den Bericht fertiggeschrieben hat, muss es noch von der Krankenhausleitung verabschiedet werden. Hiernach erhalten die Landesverbände der Krankenkassen, der Verband der Privaten Krankenkassen und der Verband der Ersatzkassen den Bericht, welches dann im Internet veröffentlicht wird. Laut dem Beauftragten, soll diese Veröffentlichung Vorteile für die Patienten haben: *„Die Patienten sollen sich dadurch informieren können. Es wird ihnen also eine Möglichkeit geboten, die sie bisher nicht hatten. Der Patient kann sich nun informieren über das Krankenhaus."* Wenn der Patient vorher weiß, dass er in ein Krankenhaus eingeliefert wird, soll er sich zuerst im Internet die Berichte anschauen und die Krankenhäuser miteinander vergleichen.

Hier wird also deutlich, dass die Qualitätsberichte auf den Patienten hinzielen. Dies konnte man ja auch schon in Kapitel 5.1. unter Ziele des Qualitätsberichtes nachlesen. Orientieren sollen sich aber nicht nur die Patienten, sondern, laut dem Beauftragten, auch die Hausärzte: *„Auch die Hausärzte orientieren sich danach. Vielmehr orientieren sich die Hausärzte als die Patienten. Die schauen in den Berichten nach. Für den Patienten kann so ein Bericht auch irritierend sein."* Der Hausarzt hat das nötige Wissen, die Krankenhäuser zu vergleichen. Während der Patient *„einfach so rumguckt"*, *„analysiert"* der Hausarzt.

Das Krankenhaus wird somit der Öffentlichkeit zugänglich. Dies erfordert viele Änderungen und Umstellungen für die Krankenhäuser. Zumindest für das untersuchte Krankenhaus. *„Ja, die größte Änderung, Umstellung ist, dass wir nun Daten öffentlich darlegen müssen. Die Qualität des Krankenhauses wird öffentlich. Zudem müssen wir ein Qualitätsmanagement einrichten. Es werden dann Qualitätsrichtlinien festgelegt, die wiederum kontrolliert werden müssen. Eine Kontrolle gibt es z.B. durch Zertifizierungen."* Die Verbindung zu Managementkonzepten kommt hier zum Vorschein. Da nun Berichte der gesamten Masse zugänglich werden, muss das Krankenhaus Qualität bieten. Somit sei ein Management, hier Qualitätsmanagement, nötig, dass Qualitätsrichtlinien und Maßstäbe festlegt. Diese wiederum müssen ständig kontrolliert werden, damit die Qualität auch beständig ist. *„Die Kontrolle ist natürlich sehr wichtig. Aber auch sehr teuer. Wir holen uns da Hilfe von Außen. Verschiedene Firmen helfen uns da."* Kontrolle kostet Geld. Also schließt das Krankenhaus

Verträge mit anderen Organisationen ab, die für sie die Kontrolle übernehmen. Dies sei kostengünstiger als wenn sie selber die Kontrollen machen würden. Somit entwickelt sich das Krankenhaus zu einem hoch-komplexen Unternehmen, das mit vielen verschiedenen externen Organisationen zusammenarbeiten muss (siehe dazu Kapitel 4.2.1 -> externe Kooperationen). Um dieses ganze führen und organisieren zu können, möchte die Verwaltung ein Management einführen, doch dazu gleich mehr.

Die Vorteile eines Qualitätsberichtes beschrieb der Beauftragte folgendermaßen: *„Durch diesen Bericht und diese Maßnahmen entsteht eine gewisse Organisationsstruktur im Krankenhaus. Und dies ist wichtig.“* Die Verwaltung möchte, dass eine bestimmte Struktur entsteht und dass dies eingehalten wird. Hier ein kurzes Bespiel, dass der Qualitätsberichtbeauftragte im Interview nannte: *„Nehmen wir z.B. die Pforte. Wenn ein Anruf von Außen kommt. Dann könnte in den Richtlinien stehen 'Mitarbeiter der Pforte müssen sich freundlich mit dem Namen des Krankenhauses melden.' Oder vielleicht sogar ein genauer Text, der widergegeben werden muss. Mann kann also die Qualitätsmaßstäbe sehr eng oder sehr weit halten.“* Dass heißt in den Richtlinien kann ganz genau festgelegt sein, wie, in diesem Fall die Pforte, auf Telefoneingänge reagieren soll. Dies ist eine klare Struktur, um Qualität zu erreichen, die vom Management definiert wird. Somit wären wir auch schon im nächsten Kapitel.

<table>
<tr><td>Zusammenfassung des Kapitels:</td></tr>
<tr><td>

- Zugang für die Öffentlichkeit
- Vorteile für die Patienten
- Orientierung für die Hausärzte
- Organisationsstruktur entsteht
- Qualität muss geboten werden -> Qualitätsmanagement

</td></tr>
</table>

9.3 Qualitätsmanagement

Das Krankenhaus, in dem die Forschung durchgeführt wurde, hat sich entschieden, ein Qualitätsmanagement (im folgenden kurz QM) einzurichten. Leider kam es während der Forschungszeit zu keinem Abschluss. Das Management ist immer noch im Aufbau. Daher werde ich in diesem Kapitel die Ideen und Gründe für die Einrichtung eines Managements aufzeigen, die in den Interviews fielen. Zu einer Umsetzung der Ideen kam es aber nicht.

Die Verwaltung sah in der Einführung eines Qualitätsmanagements die Lösung vieler Probleme. Auf die Frage, was ausschlaggebend dafür war, ein QM einzuführen, kam der folgende lange Interviewzitat vom stellvertretenden Verwaltungsleiter: *„Ausschlaggebend ist, aus meiner Sicht, dass ein Defizit vorliegt. Wir haben ein niedriges Budget und dadurch ein Einnahmeproblem. Und andererseits liegt es daran, so denke ich zumindest, lässt sich immer etwas optimieren. Man hat nie das Optimum erreicht. Also auf der einen Seite ist etwas vorgegeben, das lässt sich nicht ändern. Aber auf der Kostenseite, denke ich, kann man was machen. Das wir* *nicht 500.000 Euro auf einem Schlag sparen ist klar, aber auch die kleinen Nadelstiche werden da helfen. Klein Vieh macht ja auch Mist. Von daher brauchen wir einfach ein Qualitätsmanagement. Um Abläufe zu durchleuchten, zu optimieren. Sicherlich auch um Arbeitsabläufe zu vereinfachen. Aber auch im Hintergrund, Kosten zu sparen. Letztlich geht es immer um Kosten. Das war für mich zumindest, ausschlaggebend. Hohe Qualität kann auch zu geringerem Kosten führen. Das haben uns die Japaner ja vorgemacht. Und darüber hinaus, warum QM wichtig ist? Es ist einfach Voraussetzung um sich zertifizieren zu lassen. Mittlerweile haben sich zwischen 1/3 und der Hälfte der Krankenhäuser zertifizieren lassen. Das sehe ich für uns auch erzwinglich."*

Ich möchte die Gründe nun in folgende Punkte aufteilen:
1. Optimierung und Vereinfachung der Arbeitsabläufe.
2. Kosten sparen.
3. Zertifizierung.

Die Verwaltung geht also davon aus, dass Qualität nicht gleich Kosten bedeutet. QM soll die Qualität steigern und gleichzeitig Kosten sparen. Das ist der Balancezustand, den ich im Kapitel 4.2.1 beschrieben habe. Dies soll dadurch erreicht werden, dass die Arbeitsabläufe im Krankenhaus optimiert werden. Dies wiederum kann ein Grund dafür sein, zertifiziert zu werden. Denn eine Zertifizierung ist sozusagen, eine Legitimation, um sagen zu können, dass man Qualität hat. Es lässt sich sehen und gilt als Signal für die

Öffentlichkeit. Die Qualität soll also von der Öffentlichkeit gesehen werden können. Einzelne Zertifizierungen gibt es schon. Aber dies entspricht nicht den Erwartungen der Verwaltung: *„Im Schlaflabor gibt es so etwas. Die sind zertifiziert. Vom DGS. Sicherlich gibt es das für alle möglichen Bereiche. Überall wo mit Gefahren gearbeitet wird gibt es bestimmte Normen. Kardiologie z.B. oder Labor. Da müssen Normen eingehalten werden. Aber eben nicht flächendeckend. Sondern punktuell. Da, wo es eben zwingend erforderlich ist. Davon möchten wir halt wegkommen. Ich möchte es flächendeckend. Man könnte z.B. auch einzelne Abteilungen zertifizieren lassen. Das ginge sicher auch. Aber das ist nicht vielversprechend. Denn irgendwo arbeiten wir ja im Krankenhaus zusammen.“* Die Verwaltung ist also bestrebt darin, die Arbeit im Krakenhaus zu vereinheitlichen. Somit sei die Arbeit des Managements, das eingeführt werden soll, auch leichter. Ein anderer Arbeiter in der Verwaltung sagte zu der Vereinheitlichung der Arbeit folgendes: *„Durch diese Managementisierung müssen die Vorgänge im Krankenhaus vereinheitlicht werden. Alle Bereiche müssen auf die gleiche Art und Weise arbeiten. Nicht mehr individuell. Sondern es gibt dann Richtlinien, die das Krankenhaus aber selber bestimmt. Für welches wir uns auch entscheiden, es muss dann in allen Stationen und Bereichen eingehalten werden.“* Das Management soll die ganze Arbeit im Krankenhaus regeln. Es sollen verschiedene Richtlinien festgelegt werden, die dann von allen Mitarbeitern, auch die, die traditionell nicht betriebswirtschaftlich arbeiten und denken, umgesetzt werden müssen.

Bis hierhin wurden nur Gründe für die Einführung und Erwartungen an ein QM genannt. Nun soll dargestellt werden, wie sich das die Verwaltung vorstellt. Wie es also, umgesetzt werden könnte: *„Ich würde mir das so vorstellen, dass man einen QM Beauftragten hat, der sich um das ganze organisatorische kümmert. Ein QM Lenkungsgremium. Die sollten sich dann darum kümmern, wie z.B., wie werden die Gruppen gesetzt, wann treffen sie sich. Diese Gruppenergebnisse würde ich dann ganz gerne in einem Kreis den Leitungen geben. Der Pflegedienstleitung, Chefarzt. Diejenigen im Haus, die Entscheidungen treffen und Anordnungen geben können. Dies dann alles gesammelt in einem QM Handbuch. So würde ich mir das im Krankenhaus in etwa vorstellen."* Es soll also einen speziell dafür Beauftragten geben und ein Gremium. Die Anweisungen und Richtlinien sollen in einem Handbuch gesammelt werden. Diese schriftliche Festlegung soll, laut der Verwaltung, den Effekt haben, allen Mitarbeitern mitteilen zu können, für was sich die Verwaltung entschieden hat. Dies alles ist zunächst einmal wieder mit Kosten verbunden. *„Derzeit ist es so, dass man zwangsweise einen QM Beauftragten bracht. Da haben wir aber einfach nicht das Personal zu. Da haben wir noch keine Lösung dazu."*[9] Im Gremium sollen bestimmte Arbeitsabläufe festgelegt werden, die dann von allen Mitarbeitern im Hause eingehalten werden müssen. Diese können sehr wichtige Abläufe sein, aber auch Kleinigkeiten. *„Kleinigkeiten, wie z.B. in der Adventszeit dürfen kleine Kerzchen angesteckt werden, dass wird dann schriftlich an alle weitergegeben. Wobei*

---

[9] Dieses Problem wurde zum Abschluss der Forschung immer noch nicht gelöst.

wir natürlich auch begründen, warum das so oder so gemacht wird. Da lege ich viel Wert darauf. Das begründet wird, warum was gemacht wird. Damit ist nicht gemeint, dass ich es jeden einzelnen Mitarbeiter begründe. Das wird einmal begründet und an die jeweiligen Abteilungsleiter weitergegeben." Es wird also etwas Bestimmtes festgelegt. Dieses wird dann begründet. So wissen die Mitarbeiter, die sich an die Abläufe und Richtlinien halten müssen, auch, warum sie es machen sollen. Das ist, aus Sicht des stellvertretenden Verwaltungsleiters, sehr wichtig, damit *„die Mitarbeiter sich auch an die Richtlinien halten."* Es wird also der Anweisung ein Sinn vergeben. Da sich dadurch die Handlungsalternativen des Mitarbeiters reduzieren, wird auch die Komplexität reduziert. Der Mitarbeiter muss sich nicht fragen, warum er dies oder das macht. Er bekommt die Begründung und die Argumente dafür mitgeliefert.

Die Kontrolle, ob die Abläufe wirklich eingehalten werden, gibt es dann wiederum mit der Zertifizierung. So lautete es in einem Interview mit der Verwaltung: *„Es werden dann Qualitätsrichtlinien festgelegt, die wiederum kontrolliert werden müssen. Eine Kontrolle gibt es z.B. durch Zertifizierungen. Also ISO-Normen, oder KTQ."* Hier schließt sich der Kreis. Richtlinien oder Arbeitsabläufe, die festgelegt werden, müssen nicht nur begründet, sondern auch kontrolliert werden. Diese Kontrolle durch Zertifizierungen zeigt dann wiederum die Qualität des Krankenhauses. Es ist eine Legitimation (gegenüber sich selbst und der Umwelt), um behaupten zu können, dass man Qualität bietet. Die Zertifizierung steht stellvertretend für eine gute und optimale Arbeit.

Die Verwaltung hat also ganz klare Vorstellungen darüber, wie QM funktionieren soll. Interessant wäre es nun zu schauen, welche konkreten Auswirkungen dies für die Ärzte und für das Pflegepersonal haben wird. Da das Management leider noch nicht eingeführt wurde, können wir hier nur von Erwartungen sprechen und nicht von konkreten Auswirkungen. Die Ärzte z.B., gingen davon aus, dass eine Managementisierung sie *„höchstwahrscheinlich"* nicht beeinflussen wird. In einem Interview hieß es, *„Also direkten Einfluss wird das für unsere Abteilung nicht haben. Wurde uns jeweils nicht mitgeteilt."* Die Erwartungen der Ärzte kann man vielleicht so interpretieren, dass sie die Managementisierung als die Aufgabe der Verwaltung sehen und sich noch nicht damit auseinandergesetzt haben. In einem Interview mit einem Arzt hieß es: *„Die Pulmologiestation möchte sich zertifizieren lassen. Da wird es sicherlich Auflagen geben."* Es werden also da Veränderungen erwartet, wo man sich zertifizieren möchte.

Die Pflegekräfte hatten sich damit anscheinend schon mehr auseinandergesetzt als die Ärzte[10]. Durch die Einführung eines Qualitätsmanagements erwarteten sie, fast ausschließlich, *„mehr Papierarbeit"*, *„Schreibkram"*

---

[10] Dies kann u.a. daran liegen, dass die Ärzte generell in Krankenhäusern sehr viel Autorität genießen (siehe Kapitel 4.2.3). Die Pflegekräfte sind da schon viel abhängiger von der Verwaltung als die Ärzte.

und *„wenig Zeit für die Patienten"*. In einem Interview hieß es: *„Als Stationsschwester müssen wir Sachen machen, die wir gar nicht müssen. Die Verwaltung legt es uns auf. Dann haben wir keine andere Wahl."* Hier sehe ich meine zweite Hypothese zunächst einmal bestätigt. Die Pflegekräfte übernehmen arbeiten, die sie aus Sicht der Verwaltung machen müssen, die sie aber eigentlich nicht machen wollen oder müssten. In Kapitel 4.2.2 hieß es ja schon, dass sie dem nicht gewachsen sind. Dies führt zu einer Belastung und zu einer Arbeitsbefremdung. Eine Schwester, die seit mehr als 10 Jahren in diesem Krankenhaus arbeitet, antwortete auf die Frage *„Würden Sie diesen Job noch einmal ausüben?"* folgendermaßen: *„Ich glaube nicht, dass ich diesen Beruf noch einmal ausüben würde. [...] In der Ausbildung habe ich was Anderes gelernt, als ich jetzt mache. Man hat viel weniger Zeit für die Patienten. Sowohl Mitarbeiter als auch Patienten sind abgenervt."* Der zweite Abschnitt des Zitates ist ganz wichtig. Es wird vom Mitarbeiter etwas erwartet, dass man nicht gelernt hat. Letztendlich wird es auch umgesetzt. Die Pflegekräfte können, laut den Interviews, *„nichts mit Managementisierung anfangen."* Viele sagten: *„Dazu fällt mir nichts ein."*

Nun könnte die Vorstellung entstehen, dass nur Pflegekräfte, die schon seit mehreren Jahren arbeiten, nichts mit Managementisierung anfangen können. Dem ist aber nicht so. Ein Pfleger, der erst kürzlich seine Ausbildung beendet hat und eingestellt wurde, sagte im Interview: *„Unsere Arbeit ist mehr Schreiben als Pflege. So habe ich das nicht gelernt. Der Patient wird dadurch zu einer Nummer."* Aber daran sei nicht die Pflege, sondern die Verwaltung schuld. Die Verwaltung würde den Patienten zu einer Nummer machen und die Pflegekräfte müssten es *„so hinnehmen."* Laut der Pflege, kommt das bei den Patienten auch nicht gut an. *„Der Patient braucht Menschlichkeit. Aber davon können wir leider nur wenig geben. Wir sind im Zeitdruck. Daher sinkt Ansehen und Respekt gegenüber uns. Wir haben viel zu wenig Zeit für die Patienten."* Die Pflegekräfte wollen sich, laut dem Interviewpartner, mehr um den Patienten kümmern. Dies sei ihre eigentliche Aufgabe als Pfleger. Doch leider verlagere sich ihre Arbeit immer mehr in Richtung Schreibtisch. Dadurch verringere sich der Kontakt zu den Patienten und hierdurch wandle deren Bild der Pflegekräfte. Aber sie könnten nichts dagegen unternehmen.

Inwieweit QM die Arbeit der Pflegekräfte und der Ärzte letztendlich tatsächlich beeinflussen wird, konnte man hier noch nicht sagen, da es noch nicht eingeführt wurde. Es wäre interessant gewesen zu schauen, welche konkreten Veränderungen dies mit sich bringt. Zu einer kurzfristigen Veränderung kam es kurz vor Abschluss dieser Arbeit. Der Bürgermeister der Kleinstadt, der auch gleichzeitig 1.Vorsitzender des Verwaltungsrates ist, teilte mir in einem Gespräch mit, dass ein Wirtschaftler eingestellt wurde, *„der nur diese Arbeit im Krankenhaus macht"*. Er soll die Finanzen des Hauses regeln und Konzepte aufstellen, die das Krankenhaus aus den Schulden befreien soll. Er würde *„wie ein Manager"* arbeiten.

Zusammenfassung des Kapitels:

- Qualität steigern
- Kosten senken
- Vereinheitlichung der Arbeit durch Richtlinien oder Arbeitsabläufe
- Ärzte haben sich noch nicht damit auseinandergesetzt
- Pflege erwartet „Schreibkram"

9.4 Konkurrenzgedanke

Während der Interviews kam man immer wieder auf das Thema Konkurrenz. Hierbei ging es sowohl um interne Konkurrenzen, wie z.B. Stationen untereinander, als auch um die Konkurrenz unter Krankenhäusern.

Das Pflegepersonal bekommt die Konkurrenz im externen Fall nicht mit. Für sie war die einzige Konkurrenz, die, zwischen den Stationen. *„Manche Stationen sehen sich als Konkurrenten."* hieß es in einem Interview mit einem Pfleger. Gelobt wurde diese Art von Konkurrenz nicht, aber man hatte diesen Gedanke immer *„irgendwo im Hinterkopf."* Das heißt, eine Station versucht immer besser zu sein, besser zu arbeiten, als die anderen Stationen, obwohl man ganz genau weiß, dass sie keine Konkurrenten sind, sondern im Team arbeiten muss. Das Streben nach besserer Arbeit wäre ja nicht so schlimm, wenn es nicht mit Neid kombiniert werde. Die Verwaltung bekommt dies natürlich mit: *„Neid! Konkurrenz! Das kommt oftmals vor. Da denkt die eine Station, dass eine andere Station bevorteilet wird. 'Die* *bekommen immer das Beste!' heißt es dann."* Die Verwaltung hält nichts von diesen Gedanken und versucht die Stationen gleich zu behandeln und lässt dies auch den Stationen anmerken. Sie will also interne Konkurrenzen aufheben. Externe Konkurrenz ist aber nicht ausgeschlossen. Hier schlägt die Verwaltung einen anderen Weg ein.

Auf die Frage *„Wenn man von Kundenorientierung spricht, kommt es da nicht auch zwangsläufig zur Konkurrenz mit anderen Krankenhäusern?"* kam von einem Mitarbeiter der Verwaltung die folgende Antwort: *„Ja, aber natürlich. Deshalb ja auch die Qualitätsberichte. Sehen Sie, die Qualitätsberichte schaut sich jemand an, der einen Besuch plant. Bevor man in ein Krankenhaus geht, schaut man sich die Berichte der Krankenhäuser im Internet an und entscheidet sich dann für ein Krankenhaus. Somit stehen die Krankenhäuser in Konkurrenz zueinander. In den USA gibt es das schon länger. Man kann dies als auch Darstellen der Krankenhäuser gegeneinander bezeichnen."* Dieser Mitarbeiter sieht die Qualitätsberichte als Auslöser des Konkurrenzgedankens. Wichtig ist die Aussage *„Darstellen der Krankenhäuser gegeneinander"*. **Durch die Qualitätsberichte entsteht also die Möglichkeit, die Krankenhäuser miteinander (vielmehr gegeneinander) zu vergleichen.** Da nun aber die Qualitätsberichte vorgeschrieben sind, könnte man meinen, dass die Krankenhäuser, ob sie nun wollen oder nicht, in die Richtung „Konkurrenzgedanke" gezwungen werden.

Ein anderer Mitarbeiter der Verwaltung sieht dies genauso: *„Ja, mit Sicherheit. Z.B. Konkurrenz dann, wenn man sich das aussuchen kann, wohin man geht. Beispiel: Die Entbindung. Da entscheiden sich viele für ein anderes Krankenhaus, weil es bei uns vielleicht nicht so schön ist."* Der Patient oder der Hausarzt vergleicht also die Krankenhäuser miteinander und der Hausarzt rät dann seinem Patienten dieses oder jenes Krankenhaus zu besuchen. Der Hausarzt ist also wie ein Zulieferer für das Krankenhaus. *„Und dies wird sich in Zukunft steigern."* Nämlich wenn die Qualitätsberichte veröffentlicht werden. Dann hat jeder Zugang zu jedem Krankenhaus. Somit kann man sich *„wie eine Pizza oder wie ein Produkt bei Ebay"* für ein Krankenhaus entscheiden, von dem man ausgeht, es sei besser als die anderen. Der stellvertretende Verwaltungsleiter dazu: *„Auf jeden Fall. Solange es da gleiche Fachabteilungen gibt. Da gibt es sicherlich ein Konkurrenzkampf."* Doch im Moment, wahrscheinlich weil die Berichte noch nicht veröffentlicht sind, entscheiden die einweisenden Hausärzte. Die Krankenhäuser konkurrieren also um die Gunst der Hausärzte. *„Das (gemeint ist der Konkurrenzkampf) spielt vielmehr unter den Einweisern ab. [...] Man geht also nicht an die einzelnen Patienten oder Kunden heran, sondern das läuft dann über die Einweiser."* Man versucht als Krankenhaus die Hausärzte zu beeindrucken, damit die ihre Patienten, falls nötig, nicht in ein anderes Krankenhaus einweisen. Beeindrucken kann man sie, laut dem stellvertretenden Verwaltungsleiter, auf die folgende Art und Weise: *„Da ist ein Chefarzt ganz wichtig. Der Ruf eines Chefarztes und des Krankenhauses ist da sicherlich ganz wichtig."* Der Chefarzt soll die Kontakte zu den Hausärzten pflegen. Je mehr Kontakte der Chefarzt hat, umso besser für das Krankenhaus, meinte ein anderer Mitarbeiter der Verwaltung.

Die Krankenhäuser konkurrieren auch in anderen Bereichen. Die Verwaltung sagte dazu: *„Konkurrenz gibt es bei Anerkennungen. Also im Länderbereich. Welches Krankenhaus eine Fachabteilung bekommt. Also von daher stehen Krankenhäuser ganz extrem in Konkurrenz."* Falls also z.B. eine neue spezielle Abteilung aufgebaut werden soll, konkurrieren alle Krankenhäuser miteinander. Denn eine solche Abteilung bringe Vorteile mit sich, wie z.B. den Ruf des Krankenhauses zu steigern. Die Augen der Öffentlichkeit würden sich in Richtung des Krankenhauses richten, das diese neue spezielle Abteilung bekommt.

Während Konkurrenzkampf für die Verwaltung *„ganz normal"* ist, können die Ärzte damit nicht so gut umgehen. In einem Interview hieß es: *„Also das Problem dabei ist, dass man wirtschaftlich wird."* Und dies entspreche nicht dem Ziel der Ärzte. Dies zeigt, was in Kapitel 4.2.3 angedeutet wurde. Der Arzt ist Ethiker und möchte weder Rationalisierung noch ein Wettbewerb. Sie befinden sich eher im System der Krankenbehandlung und wollen nicht im System der Ökonomie auftauchen. Die Befürchtungen, was passiert, wenn man als Krankenhaus im System der Ökonomie landet, schilderte eine Ärztin folgendermaßen: *„Wir konnten unseren Patienten immer Freundlichkeit und eine familiäre Atmosphäre mitgeben. Ich habe immer Angst, dass das irgendwann wegfällt. Durch die Wirtschaftlichkeit und die Rationalisierung wird der Patient zu einer Nummer.*

Er verliert seine Menschlichkeit. Und das finde ich schade. Die Patientennähe wird zerstört.“ Hier wird also ganz deutlich, dass die Ärzte sich dem System der Ökonomie ganz ungern anpassen. Sie wollen den Patienten *„heilen und nicht durch ihn Geld verdienen.“* Doch die Ärzte wissen ganz genau, dass eine Ökonomisierung notwendig ist. In einem Interview hieß es dazu: *„Andererseits sind wir auf Wirtschaftlichkeit angewiesen. Wir sind ein kleines Haus. Das hat also Vor- und Nachteile. Vorteil ist, dass wir uns besser mit den Patienten verständigen können. Nachteil ist, dass wir ständig in einer Budgetkrise sind. [...] Es ist wichtig, effektiv und günstig handeln zu können.“* Aber diese Aufgabe wird gerne der Verwaltung zugeschoben.

Wir können also festhalten, dass der Konkurrenzgedanke in allen drei Berufsgruppen existiert. Die Pflege verbindet damit die Konkurrenz unter den Stationen. Die Verwaltung arbeitet ganz intensiv mit dem Konkurrenzgedanken. Die Ärzte sehen das Konkurrieren und die Ökonomisierung allgemein als eine Notwendigkeit an, um aus der Budgetkrise rauszukommen. Allerdings als eine Notwendigkeit, die sie mit negativen Erwartungen verbinden.

<table>
<tr><td colspan="2">Zusammenfassung des Kapitels:</td></tr>
<tr><td>•</td><td>Stationen untereinander als Konkurrenten; Neid spielt eine wichtige Rolle</td></tr>
<tr><td>•</td><td>Qualitätsbericht als Konkurrenzmittel zwischen Krankenhäusern</td></tr>
<tr><td>•</td><td>Konkurrenz um die Einweiser</td></tr>
<tr><td>•</td><td>Ärzte wollen nicht konkurrieren</td></tr>
</table>

9.5 Kundenorientierung

Die Mitarbeiter sprachen in den Interviews von Kundenorientierung. Kunde und Patient wurden teils als Synonym benutzt. Von Patientenorientierung war nicht die Rede[11]. Während für die Ärzte und das Pflegepersonal manchmal nicht ganz klar war, was man alles unter Kundenorientierung versteht, hatte die Verwaltung schon ganz klare Vorstellungen davon, wer die Kunden sind und wie man Kundenorientierung betreibt.

„Ja, aber auf jeden fall", war die Antwort eines Mitarbeiters der Verwaltung auf die Frage, *„Würden sie hier von Kundenorientierung sprechen?"*. Man hatte sich also schon Gedanken darübergemacht. Dieser Mitarbeiter verstand unter Kundenorientierung folgendes: *„Wir brauchen immer neue Patienten. Die Patienten müssen aber sofort raus, wenn es denn möglich ist, da wir nicht viel Geld haben. Und dann brauchen wir wieder neue Patienten. Wir haben dafür eine Pflegeüberleitung. Die arbeitet mit Ärzten und Stationen sehr gut zusammen. Sie regelt die Organisation von Außen und Innen."* Die Pflegeüberleitung regelt also das Kommen und Gehen der Patienten. Die Patienten, die kommen, müssen schnell das Krankenhaus wieder verlassen, weil sie sonst zu teuer werden. Neue Patienten müssen dann wiederaufgenommen werden. Die Patienten, die entlassen werden, werden nach ihrer Entlassung weiter begleitet. Man kümmert sich auch nach ihrer Entlassung

---

[11] In den ganzen Interviews kam das Wort „Patientenorientierung" kein einziges Mal vor. (Kundenorientierung 10mal, Patient 67mal und Kunde 15mal)

um sie. Diese Mitarbeiterin beschrieb dies als Kundenorientierung. Das man sich also um die Patienten auch nach der Entlassung kümmert.[12]

Interessant waren die Aussagen einer anderen Mitarbeiterin der Verwaltung. Sie sagte: *„Unsere Kunden sind die Patienten. Es muss ihnen gut gehen. Auch deren Besucher sind uns sehr wichtig. Deshalb haben wir unseren Empfang komplett geändert. Auch das Cafe wurde verschönert. Es soll hier nicht wie in einem Krankenhaus aussehen."* Hier werden nun die Patienten ganz klar als Kunden gesehen. Und dementsprechend verhält sich das Krankenhaus. Man versucht alles, damit es den Kunden gut geht. Der Empfangsbereich wird geändert, das Cafe wird erneuert. Auch die Angehörigen der Patienten werden als Kunden bezeichnet. Sie sollen sich im Krankenhaus ebenfalls gut fühlen. Der letzte Satz *„Es soll hier nicht wie in einem Krankenhaus aussehen."* ist eine wichtige Aussage. Dies widerspiegelt den Gedanken der Verwaltung, welches mit den Ärzten und dem Pflegepersonal nicht zu vereinbaren ist. Dies hörte man auch aus einem Interview mit einer Pflegekraft heraus: *„Es ist nicht mehr so, dass wir zum Patienten gehen und ihm sagen, was er zu tun hat, was er machen muss usw. Vielmehr gehen wir nun auf die Wünsche der Patienten ein. Wir versuchen es ihnen so angenehm wie möglich zu machen, damit sie bloß nicht meckern."* Das Pflegepersonal versucht die Wünsche der Patienten aus den Augen abzulesen. Dies ist laut der Pflege *„Nicht in Ordnung."*

---

[12] In Kapitel 5.1 habe ich das als Patientenorientierung beschrieben. Die Mitarbeiterin sah es aber als Kundenorientierung an.

Wir haben schon davon gesprochen, dass es zwischen den verschiedenen Berufsgruppen zu Konflikten und Spannungen kommen kann, da diese Berufsgruppen unterschiedliche Denkrichtungen haben. Insbesondere zu Zielkonflikten. Es handelt sich hierbei um Konflikte, die sich aus dem Nebeneinander von Funktionskreisen ergeben (Rohde, 1974, S. 323). Zielkonflikte zwischen der Verwaltung und der Pflege können z.B. Tätigkeiten sein, die die Verwaltung gemacht haben will, da sie der Kundenorientierung dienen, die aber aus Sicht der Pflege völlig unnötig sind. Als gutes Beispiel dient hier „das zweimal tägliche Bettenmachen für Patienten, die den ganzen Tag aufstehen können" (Kaltenbach, 1991, S. 163). Die Verwaltung argumentierte für dieses „zweimal Bettenmachen", dass man somit *„den Ruf des Krankenhauses verbessern kann. Die Patienten finden das gut."* Die Pflegekräfte aber meinten, dass sie *„doch nicht in einem Hotel"* sind. Man sieht hier schon, dass beide Seiten, für ihren Aufgabenbereich, im Grunde recht haben. Hier kommt also unsere zweite Hypothese zum Vorschein. Es soll eine Kundenorientierung stattfinden. Die Betten sollen auch für die gemacht werden, die aufstehen können. Wie in Kapitel 5.1 beschrieben, sind das Extraangebote. Erfüllungen, die medizinisch nicht notwendig sind. Diese fallen dem Patienten aber auf und dienen der Kundenorientierung. Dies wiederum widerspricht der Pflege, die sich nicht auf „Kundenorientierung" einstellt. Die Pflege sieht das Krankenhaus als Krankenhaus. Von Kunden war in den Interviews nichts zu hören.

Die Verwaltung dagegen hatte die Kunden schon in verschiedene Typen eingeteilt. *„Wir haben da schon dran gearbeitet und unsere Kunden in drei Gruppen aufgeteilt. Drei verschiedene Kundengruppen haben wir gebildet. Die erste Gruppe sind die* **Primären Kunden***. Das sind die Patienten und ihre Angehörigen. Die zweite Gruppe sind unsere* **Systempartner***. Das sind halt Einrichtungen, mit denen wir kooperieren, z.B. Apotheke oder Kostenträger wie Krankenkassen. Unsere dritte Gruppe sind* **Interne Kunden***. Das sind alle Personen, die die Arbeitsergebnisse weiterverwenden, wie z.B. Röntgenbilder.“* Man erkennt hier nun einen enormen Unterschied zwischen der Pflege und der Verwaltung. Die Pflege sagt: *„Kunden? Das sind keine Kunden. Das sind Patienten.“* Aber die Verwaltung bildete drei Kundengruppen und arbeitet dementsprechend. Die Patienten, der Hausarzt, die Behörden, die Krankenkassen. Sie alle sind Kunden des Krankenhauses. Man hat also klare Vorstellungen von dem, wer die Kunden sind. Die Konzepte werden danach gerichtet. Der stellvertretende Vorsitzende gab da einige Beispiele: *„Also kürzlich haben wir z.B. umgesetzt, dass alle ein Namensschild tragen. Damit jeder weiß, mit wem er es zutun hat. Dann haben wir jemanden, der für Beschwerden zuständig ist. Für die Privatpatienten bieten wir auch Extras an. Oder das z.B. Dusche und Bad im Zimmer sind. Oder Empfangsbereich wurde verschönert. Klar ist der Patient auch Kunde.“* Alle diese Erneuerungen sollen der Zufriedenstellung der Kunden dienen. Es wird versucht, die Bedürfnisse der Kunden zu befriedigen. Sie sollen sich gut fühlen. Sie werden vielleicht nicht wiederkommen, aber sie sollen den guten Ruf des Krankenhauses an ihre Bekannten und vor allem an ihren Hausarzt weiterleiten. Dies sei einer der Ziele dieser Maßnahmen.

Da als Beispiel für Veränderungen ständig der Empfangsbereich genannt wurde, wurde auch die Empfangsdame interviewt. Zunächst gab sie an, dass der Empfangsbereich komplett geändert wurde. Früher wäre es ein sehr unfreundlicher Bereich gewesen, der mit einer Scheibe abgetrennt war. Sowohl die Empfangsdame als auch die Besucher müssten sich bücken, um sich durch einen kleinen Schlitz zu verständigen. Dies sei abschreckend gewesen. Der Kontakt zu Patienten wäre dadurch eingeschränkt. Jetzt ist da keine Scheibe mehr dazwischen. Der Empfangsbereich ist sehr modern und designerisch aufgebaut. Dass diese Veränderungen der Kundenorientierung dienen, stritt die Empfangsdame ab: *„Das sind doch keine Kunden. Wir haben Patienten.“* Die Empfangsdame war der Meinung, dass es keine Kunden im Krankenhaus gibt. Laut ihrer Definition sind Kunden: *„Personen, denen man eine Ware gibt und sie dann bezahlen lässt.“* Dies sei im Krankenhaus nicht der Fall. Es würde nichts verkauft werden. *„Wir betreuen“*, war die Gegenbehauptung. Während also die eine Seite (die Verwaltung) sagt: *„Ganz genau! Wir betreiben eine Kundenorientierung.“* sagt die andere Seite (Pflege und Empfangsdame) ganz klar *„Nein. Wir haben keine Kunden.“*

Als letztes kommen wir nun zu den Ärzten. Hier waren die Meinungen unterschiedlich. Während manche vom Begriff „Kunde“ nichts halten, war es für andere selbstverständlich. Hier war keine einheitliche Sicht zu erkennen. Die Meinungen waren gespalten. In einem

Punkt waren sich aber alle einige, nämlich, dass der „Kranke" immer häufiger als Kunde gesehen und verstanden wird. Eine Ärztin sagte: *„Man sieht es ja schon im Eingangsbereich. Es wird etwas getan. Die Besucher sollen sich hier wohlfühlen. Man versucht mehr Offenheit zu zeigen. Der Eingangsbereich spricht die Leute nicht nur als Patient, sondern auch als Kunde an. Weiterhin haben wir dann eine Aufnahmeambulanz eingebaut. Dies zieht natürlich an."* Die Bereiche außerhalb des Arztes verwandeln den „Kranken" in einen Kunden. Ein anderer meinte: *„Vor allem unsere Privatpatienten können von Kundenorientierung sprechen. Denen werden Extras angeboten. Vor Jahren gab es auch mal einen Tag der offenen Tür. Auch dies dient der Kundenorientierung. Wir haben auch eine Cafeteria. Die Patienten sollen sich wohlfühlen. Wir haben unser Angebot verbessert und weiter aufgebaut."* Auffallend ist, dass immer von „sich wohlfühlen" die Rede ist. Die Patienten und ihre Angehörigen sollen sich wohlfühlen im Krankenhaus. Tatsächlich habe ich mir die Cafeteria und den Empfangsbereich genauer angeschaut. In der Tat war es sehr modern gestaltet. Viel moderner als vor vier Jahren, als ich in diesem Krankenhaus mein Zivildienst gemacht habe. Die Veränderungen waren klar ersichtlich. Früher erfüllte die Cafeteria einfach nur den Zweck, dass Patienten und Angehörige sich ab und zu einmal hinsetzen und etwas essen. Inzwischen war es aber so, dass sogar versucht wurde Kunden von Außerhalb zu locken. Es gab sogar eine Lieferung nach Außen.

Wenn man nun „Kundenorientierung" als „Das Wohlfühlen des Patienten" versteht, ist es auch im

Interesse der Ärzte. *„Dann nützt Kundenorientierung auch uns. Wenn die Patienten sich wohlfühlen, wenn sie das Haus verlassen und rum erzählen, wie toll es doch hier war und wie toll der behandelnde Arzt war, wertet das nicht nur das Krankenhaus auf, sondern auch mich als Arzt. Es ist dann auch in meinem Interesse, dass Kundenorientierung betrieben wird."* Die Ärzte haben durch die Kundenorientierung der Verwaltung einen individuellen Nutzen. Ihr Job ist dadurch gesichert. Das verringert zumindest die Zielkonflikte, die besonders in der Thematik „Kundenorientierung" entstehen. Das „sich wohlfühlen" wird zur Aufgabe aller Bereiche. Wenn Patienten das Krankenhaus verlassen, sollen sie keine negativen Erfahrungen gemacht haben.

Auf der Internetseite des Krankenhauses heißt es dazu: *„Ärzte, Krankenschwestern und alle übrigen Bediensteten des Krankenhauses verpflichten sich, in ihrer übernommenen Aufgabe dem Wohle des Patienten."* Es ist also von einer Verpflichtung die Rede. Die Mitarbeiter verpflichten sich, sich um das Wohlbefinden der Patienten zu kümmern. Weiterhin steht im gleichen Text: *„Wir, als ortsansässiges Krankenhaus achten sehr auf die menschliche Zuwendung und fürsorgliche Pflege."* Die Menschlichkeit wird in diesem Teil hervorgehoben. Menschlichkeit und Fürsorglichkeit sind positiv bewertete Wörter, die positive Gefühle im Leser erwecken sollen. *„Wir sind 'Rund um die Uhr' für Sie im Einsatz. Neben der medizinischen Versorgung möchten wir unseren Patientinnen und Patienten durch Freundlichkeit und Zuwendung ein Gefühl der Geborgenheit vermitteln."* In dieser Form verläuft die ganze Internetseite des Hauses. Es werden hotelähnlich die Zimmer, die Cafeteria, die Fernseher und die Hausbücherei beschrieben. Zur Post wird gesagt: *„Ihre Post erhalten Sie täglich durch Ihre Stationsschwester. "* Dies sind alles Serviceleistungen, an die man eigentlich nicht denkt, wenn man ins Krankenhaus geliefert wird. Sie werden aber vom Patienten als sehr angenehm empfunden. Diese sollen den Ruf des Krankenhauses steigern und beim Patienten einen positiven Eindruck hinterlassen.

<table>
<tr><td colspan="1">Zusammenfassung des Kapitels:</td></tr>
<tr><td>

- Verwaltung teilt die Kunden in drei Gruppen
- Pfleger sehen keine „Kunden"
- Ärzte sehen es unterschiedlich

</td></tr>
</table>

9.6 Die Vertrauensbeziehung zwischen Arzt und Patient

Vertrauen ist „ein mittlerer Zustand zwischen Wissen und Nichtwissen" (Simmel, 1992, S. 393). Umso wichtiger ist er in unserem Alltag. Ständig stehen wir in Vertrauensbeziehungen. Oftmals unbewusst. Wir vertrauen Institutionen, Individuen, Systemen und Rollen und anderen Vertrauensgebern. Manchmal sind wir Vertrauensgeber und manchmal Vertrauensgeber.

Einer der wichtigsten Vertrauensbeziehungen ist der zwischen dem Arzt und dem Patienten. Sowohl der Arzt als auch der Patient müssen sich vertrauen, damit ihre Kommunikation reibungslos funktioniert. Vertrauen gilt hier also als ein vereinfachter Code, der eine schnelle und sichere Kommunikation zwischen sozialen Akteuren herstellt (Bachmann, 2000, S. 110).

Wie diese Vertrauensbeziehung funktioniert, wie es dazu kommt, wie sie gestört werden kann und wie sich diese Beziehung wandelt habe ich an Hand einer kleinen Studie untersucht. Da es m.E. bessere Ergebnisse hergibt, wenn man diese Fragestellung nicht im Krankenhaus, sondern in einer Arztpraxis, wo die Beziehungen zwischen Arzt und Patienten stärker sind, untersucht, musste für diese Fragestellung eine eigenständige Studie durchgeführt werden. Diese Studie wird nun hier vorgestellt werden.

Zunächst wird im nächsten Abschnitt die Fragestellung behandelt und danach im Anschluss im nächsten Abschnitt der theoretische Rahmen, auf den ich mich beziehe. Hier geht es nicht um den Begriff des Vertrauens allgemein, sondern direkt schon im Zusammenhang in der Arzt-Patient-Beziehung. Nach dem Theorieteil kommt meine Hypothese. Im fünften Abschnitt wird die Methode beschrieben, mit der ich die Studie gemacht habe. Im darauffolgenden Abschnitt wird der erste Teil der Ergebnisse vorgestellt. Es handelt sich hierbei um ein Interview mit einem Arzt. Die andere Hälfte der Studie war eine Patientenbefragung, dessen Ergebnisse im zweiten Teil des sechsten Abschnitts dargestellt werden. Im siebten Abschnitt werde ich dann die Ergebnisse an Hand der Theorie interpretieren.

Fragestellung

Vertrauen soll also die Kommunikation zwischen Arzt und Patient erleichtern. Es soll als Brücke dienen. Dies ist notwendig, um weitere Kosten, wie z.B. Such- und Informationskosten für den Patienten zu sparen. Allerdings scheint es öfters so, als ob der Patient vom Arzt völlig abhängig wäre. Die Vertrauensbeziehung scheint gekennzeichnet von Macht zu sein, was die Mündigkeit des Patienten einschränkt. Somit hat der Patient keine Wahlmöglichkeiten. Er stimmt dem Arzt immer zu, auch wenn er skeptisch ist, und die eigene Handlung und Entscheidungsfreiheit ist begrenzt. Zudem kommt noch, dass die Patienten abhängig vom „Vertrauensein" sind, da ihre Information und Zeit begrenzt sind. Damit will ich sagen, dass die Patienten auf das „Vertrauensein" angewiesen sind. Sie haben keine anderen Alternativen. Dem Arzt nicht zu vertrauen steht als Option nicht da. Sie müssen dem Arzt vertrauen. Somit wird dem Arzt eine gewisse Autorität zugemessen. Die Macht ist in den Händen des Arztes. Denn nur er weiß ganz genau, ob er diesem Vertrauen gerecht wird, da die Patienten weder die Qualität nachmessen können noch die Zeit und Information haben, um alle Alternativen auszuspielen.

Gleichzeitig erscheint ein neuer Typus des Patienten im Blickfeld. Der „aufgeklärte" Patient betritt die Bühne. Dieser macht genau das Gegenteil. Er informiert sich und lässt es nicht zu, dass Macht diese Vertrauensbeziehung dominiert. Und falls das Vertrauen gebrochen wird, wird ein neuer Arzt aufgesucht. Er ist also nicht abhängig von einem Arzt.

Zumindest soll dies analysiert werden. Ist der Patient tatsächlich völlig abhängig vom Arzt, seine Mündigkeit begrenzt, dominieren Macht und Autorität die Beziehung? Oder sind die modernen Patienten aufgeklärt und informiert, so dass sie verschiedene Entscheidungen zusammen mit dem Arzt treffen und andere Ärzte aufsuchen, falls der eigene Arzt den Erwartungen nicht entspricht?

Die Fragestellung lautet demnach:

Ist die Vertrauensbeziehung zwischen Arzt und Patient mit Unmündigkeit des Patienten gekennzeichnet?

Egal in welche Richtung die Antwort geht, die Beziehung kann nur mit Vertrauen aufrecht gehalten werden. Vertrauen ist das Kommunikationsmedium, ohne die keine Beziehung zwischen Arzt und Patient entstehen kann. Somit muss man diese Fragestellung in Blick auf die Vertrauenstheorien untersuchen.

Nun wird im nächsten Abschnitt die Theorie aufgezeigt, die als Vorlage dient.

Theorie

Vertrauen ist eine Voraussetzung für Interaktionsfähigkeit (Strasser u. Voswinkel, 1997, S. 233). Nur wenn eine Vertrauensbeziehung aufgebaut ist, kann eine fehlerlose Kommunikation und Kooperation zwischen den beiden Parteien ablaufen. Mangel an

Vertrauen vermindert aktives Handeln der Individuen. „Er reduziert den Umfang der Möglichkeiten rationalen Handelns. Er verhindert zum Beispiel frühe medizinische Behandlung." (Luhmann, 2001, S. 158). Wir können also sagen, dass Vertrauen als Begriff zur Erklärung von Formen enger Kooperation benutzt wird (vgl. Bachmann, 2000, S. 108-109). Es ist ein Medium der Kommunikation. So auch zwischen Arzt und Patient. Der Patient überlässt dem Arzt seinen Körper und seine Gesundheit. Somit vertraut er ihm. Er vertraut dem Arzt, dass der sein bestmögliches tun wird. Gleichzeitig vermittelt der Patient beim Eintritt in die Praxis, dass er dem Arzt vertraut. Andernfalls würde man einen anderen Arzt vorziehen. Der Arzt wiederum nimmt das Vertrauen an und widerspiegelt, dass ihm vertraut werden kann.

Während man im Krankenhaus von Systemvertrauen spricht, kann man im Falle des Hausarztes vom persönlichen Vertrauen sprechen (vgl. Luhmann, 1973, S. 56). Dabei bezieht sich Vertrauen auf ungeplante Ereignisse und nicht auf Normen, da „Normausführung ... in der Regel unauffällig und ausdrucksschwach und daher auch keine geeignete Grundlage für das Entstehen von Liebe und Vertrauen" ist (Luhmann, 1973, S. 44).

Beide – Arzt und Patient – müssen sich also vertrauen, da das Ergebnis der Behandlung in der Zukunft liegt. Vertrauen ist also in die Zukunft gerichtet. In der Gegenwart weiß man nicht, ob man gerade die richtige Behandlung durchführt. Erst die Zeit wird es zeigen. „Dieses Zeitproblem überbrückt das Vertrauen, das als Vorschuss auf den Erfolg im Voraus auf Zeit und auf Widerruf gewährt wird" (Luhmann, 1973, S. 26).

Da das Ergebnis in der Zukunft liegt, könnte man denken, dass man eigentlich nicht vertrauen sollte. Ganz im Gegenteil. Das Fehlen von Vertrauen verursacht in dieser Beziehung noch mehr Kosten als das Vertrauen selbst (Lorenz, 1988, S. 209). Denn durch das Fehlen entstehen neue Suchkosten. Zudem müssen Informationen besorgt werden, die weitere Kosten verursachen.

Somit sind wir nun bei den zwei Hauptproblemen des Vertrauens: Zeit und Information fehlen. Man hat weder die Zeit noch die Information, um wirklich Denjenigen Arzt zu finden, dem man 100% vertrauen kann. Der Mensch kennt nicht alle Alternativen zu einer Handlung und ist auch nicht in der Lage die Alternativen, die man kennt, alle durchzugehen. Hier wird in der Systemtheorie der Begriff Kontingenz eingeführt. „Formal definiert wird Kontingenz durch Negation der Unmöglichkeit und Negation der Notwendigkeit. Kontingent ist demnach alles, was zwar möglich, aber nicht notwendig ist" (Luhmann, 1982, S. 187). „Der Begriff der Kontingenz soll sagen, dass die im Horizont aktuellen Erlebens angezeigten Möglichkeiten weiteren Erlebens und Handelns nur Möglichkeiten sind, daher auch anders ausfallen können, als erwartet wurde [...]" (Luhmann, 1985a, S. 32). Das heißt, es gibt unendliche Möglichkeiten, was zu einer Komplexität führt. Um diese Komplexität zu vermindern, wählt man aus den Möglichkeiten, bestimmte Möglichkeiten nach bestimmten Kriterien aus. Luhmann (1985b, S. 70) hier zu: „Zeit ist der Grund für den Selektionszwang in komplexen Systemen, denn wenn unendlich viel Zeit zur Verfügung stünde, könnte alles mit allem abgestimmt werden." Bachmann (2000, S. 116) sieht Vertrauen als ein Medium der Kommunikation, „das auf der einen Seite die Komplexität institutioneller Strukturen ermöglicht und auf der anderen Seite die Komplexität der Handlungssituation für die jeweiligen Akteure reduziert und handhabbar macht." Somit wird deutlich, dass es für den Einzelnen, für das Individuum also, unmöglich ist, vollkommen rational zu handeln. Die Rationalität ist begrenzt. Es kann also immer jemanden geben, dem man mehr vertrauen könnte, als dem, dem man gerade vertraut. Durch die Selektion der Informationen (in diesem Fall durch Vertrauen) sinkt die Komplexität.

Neben dem Informations- und Zeitproblem gibt es noch einen anderen wichtigen Faktor, wenn man von Vertrauen spricht. Es ist die Macht. Macht spielt eine wichtige Rolle im Hinblick auf die Koordination von Steuerung der Beziehungen. Macht beeinflusst Handlungen und somit die Selektion. Laut Bachmann sind Vertrauen und Macht ineinander verwoben und kaum noch unterscheidbar (2000, S. 118-120).

Wir werden nun in unserer kleinen Studie schauen, wie die Vertrauensbeziehung, mit dem Hintergedanke von Information, Zeit und Macht, zwischen Arzt und Patient verläuft.

Hypothese

Im Hinblick auf die Fragestellungen und der Theorie lautet meine Hypothese:

Die Patienten sind nicht mehr unmündig. Der moderne Patient informiert sich und wechselt den Arzt, falls das Vertrauen gebrochen wird.

Mit dem Informations- Zeit- und Machtproblem kann dies folgendermaßen erklärt werden: Obwohl Information und Zeit begrenzt sind, nutzt der moderne Patient alle Möglichkeiten, um sich ein richtiges Bild von seiner Krankheit und seinem Arzt zu machen. Bei Vertrauensbruch wird ein neuer Arzt aufgesucht.

Es kommt also zu einer Wende. Das Bild des Patienten ändert sich. Der Patient informiert sich. Vielmehr erlangt er mehr Möglichkeiten als früher, sich zu informieren. Falls das Vertrauen gebrochen wird, falls man enttäuscht wird, wechselt man die Praxis. Man ist nicht mehr abhängig von einem einzigen Arzt. Natürlich entsteht aus dieser Informiertheit auch ein „nervender" Patient, der glaubt, alles zu wissen. Der Arzt muss Möglichkeiten finden, um mit diesem Typus umzugehen.

Erhebungsmethode

Die Studie bestand aus zwei Teilen. Der erste Teil war ein qualitatives Leitfadeninterview mit einem Arzt und der zweite Teil war eine Patientenbefragung. Da der Arzt, bei dessen Praxis die Fragebögen an Patienten verteilt worden, den Fragebogen im Voraus sehen wollte, konnte dieser Arzt nicht interviewt werden. Durch diese Voransicht, durch die Fragen und die Antwortmöglichkeiten, wurde er schon vorbeeinflusst. Also wurde das Interview bei einem anderen Hausarzt durchgeführt.

Die Patientenerhebung wurde in einer orthopädischen Praxis mittels schriftlicher Befragung durch standardisierte Fragebögen durchgeführt. Es nahmen 27 Personen im Alter von 18 bis 77 Jahren teil.

Fallstudie

a.) Interview mit Arzt

Der Arzt, der interviewt wurde, ist Facharzt für Allgemeinmedizin. Er arbeitet in der Praxis zusammen mit seiner Schwester, die Praktische Ärztin ist. Sein Medizinstudium hat er 1987 abgeschlossen. Danach absolvierte er ein praktisches Jahr in einem Krankenhaus in den Fächern Kardiologie, Anästhesie und Chirurgie. Bis 1990 arbeitete er in einem Krankenhaus in den Abteilungen Innere Medizin und Chirurgie. Zudem war er ½ Jahre Assistenzarzt in einer Allgemeinarztpraxis. 1991 ist er in die Praxis seines Vaters eingestiegen. Bis zu dessen Ausscheiden aus Altersgründen 1999, arbeiteten sie zusammen. Danach stieg seine Schwester ein. Die Praxis ist in einem kleinen Ort mit ca. 2000 Einwohnern. Die Anzahl der Patienten, die die Praxis im Quartal aufsuchen, liegt im Schnitt bei 1700.

Diese kleine Einführung soll den Kontext, in dem sich der Arzt befindet, deutlich machen. Es ist also ein

96

„Familienunternehmen" in einem kleinen Dorf. Im Folgenden werden nun die Hauptkategorien des Interviews vorgestellt und im letzten Teil analysiert.

- **Wie gewinnt man neue Patienten?**

Hier verlagerte der Arzt das Thema auf zwei wichtige und entscheidende Faktoren: medizinische Qualifikation und menschliche Betreuung. Durch diese sollten die Patienten an die Praxis gebunden werden.

Durch die Qualifikation sollte der Patient die Qualität, die ohnehin in der Medizin schwer nachzumessen ist, erkennen. Dies soll zeigen, dass der Arzt sich mit dem, was er tut und sagt, auskennt. Dies verstärkt das Vertrauen zum Arzt.

Die menschliche Betreuung wiederum soll dazu dienen, dem Patienten klar zu machen, dass der Arzt keine künstliche Mauer zwischen sich und dem Patienten aufbaut. Sondern er sieht den Patienten als Mensch und nicht als eine Nummer. Dies soll die Humanität in den Vordergrund stellen.

- **Worauf muss man in der Praxis achten?**

Hier ging es darum zu schauen, welche symbolischen Aspekte, z.B. Einrichtung, Atmosphäre, Broschüren, Urkunden usw., in einer Praxis wichtig sind. Denn diese können dazu dienen und auch dazu benutzt werden, den Patienten zu beeindrucken. Sie können also Instrumente der Kunden- bzw. Patientenorientierung sein.

Der interviewte Arzt wies darauf hin, dass das Wichtigste in ihrer Praxis „der freundliche und verständnisvolle Umgang mit den Patienten, von Seiten der Ärzte, aber auch von Seiten der Arzthelferinnen" sei. Die Atmosphäre sollte nicht steril, sondern angenehm und freundlich sein. Der Patient solle sich in der Praxis wohl fühlen. Andere Dinge seien in der Regel nicht wichtig.

- **Arztkittel?**

Es gibt ein Phänomen, das sich „Weißkittel-Bluthochdruck" nennt. Demnach werden Patienten psychologisch negativ beeinflusst, wenn sie einen weißen Kittel sehen. Sie bekommen Angst und Schweißausbrüche. Der Bluthochdruck steigt, weshalb Ärzte dieses Phänomen auch „Weißkittel-Bluthochdruck" nennen.

Der Arzt wies ausdrücklich darauf hin, dass er keinen Kittel trägt. „Ich persönlich trage keine Kittel bei der Arbeit, weil sie für mein Empfinden den Umgang mit den Patienten beeinträchtigen." Aber seine Kollegin träge grundsätzlich einen Kittel.

Als Begründung für das Nichttragen des Kittels meinte der Arzt, dass der Kittel bei einigen Patienten Abwehr erzeugt. Für viele Menschen sei der Kittel mit Macht und Autorität verbunden.

- **Konflikt mit Patienten?**

Da überall da, wo Menschen sind, auch Konflikte auftreten können, sollte hier herausgefunden werden, wie der Arzt mit Konflikten umgeht und wie sie gelöst werden.

Laut dem Arzt treten da Konflikte auf, wo Patienten mit Forderungen kommen, z.B. mit nicht indizierten Medikamenten, Verordnungen oder Massagen, die medizinisch nicht notwendig sind. Diese Forderungen können aus falschen Informationen stammen, wie z.B. von den Krankenkassen. Hier solle man an die Einsicht der Patienten appellieren und falsche Aussagen der Krankenkassen korrigieren. Bei „nervigen Patienten", die alles wissen, solle man die Sachverhalte richtigstellen und dem Patienten den guten Willen zeigen.

- **Was machen Sie während der Behandlung?**

Hier wurde das Aufklären in den Mittelpunkt gerückt. „Aufklärung ist das A und O bei der hausärztlichen Tätigkeit." Dass treffe vor Allem dann zu, wenn schwere Erkranken auftreten. Soweit der Patient körperlich und seelisch dazu in der Lage ist, hätte er ein Anrecht auf vollständige Aufklärung über seine Erkrankung. Ziel müsse sein, die Mündigkeit des Patienten nicht einzuschränken. „Hetze, unwirsches Abfertigen des Patienten und grobe Behandlung der kranken Menschen zerstören jedes Vertrauensverhältnis."

- **Wie gewinnt man Vertrauen?**

Auch hier standen humanitäre Aspekte für den Arzt im Vordergrund. Das Vertrauen der Patienten gewinne man nur durch menschliche Zuwendung und guten Willen. Der Rest sei Nebensache. Der Patient soll also merken, dass der Arzt ein guter Freund ist, dem vertraut werden kann.

- **Was ist, wenn die Vertrauensbeziehung gestört wird?**

Wenn die Vertrauensbeziehung zwischen Arzt und Patienten gestört wird, dann kann man dem „Patienten auch schon mal nahegelegt werden, sich einen neuen Hausarzt zu suchen." Hier sieht man, dass Vertrauen zwischen Arzt und Patient notwendig ist. Falls diese gestört wird, ist jede weitere Kommunikation im „Heilungskontext" sinnlos.

b.) Patientenbefragung

Wie schon vorher erwähnt, wurde die Befragung mit 27 Personen im Alter von 18 bis 77 Jahren durchgeführt. Davon waren 90% weiblich und 10% männlich. Die Altersverteilung der Teilnehmer sieht folgendermaßen aus:

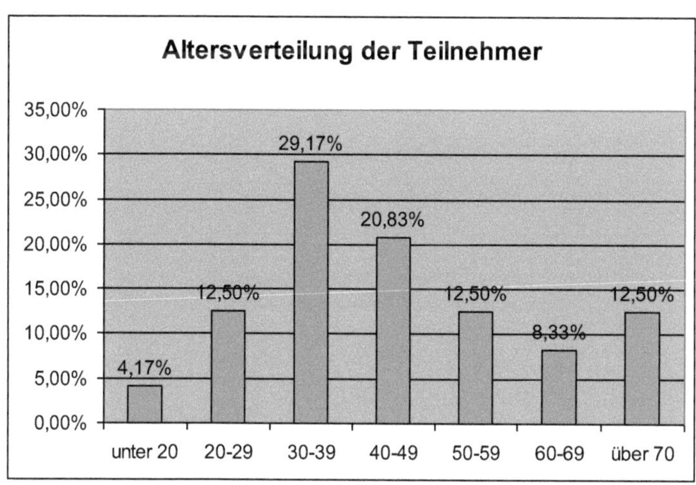

Insgesamt haben 24 Personen ihr Alter angegeben. Das arithmetische Mittel liegt bei 44,71, die Standardabweichung bei 16,26. Dies ist eine recht große Standardabweichung. 29,16% der Teilnehmer sind zwischen 30 und 40 Jahre alt. Dies ist die größte Gruppe. 43,33% sind über 40 Jahre alt.

Auf die Frage, wie man nach einem Umzug in einer neuen Stadt einen Arzt auffindet, kamen die folgenden Antworten:

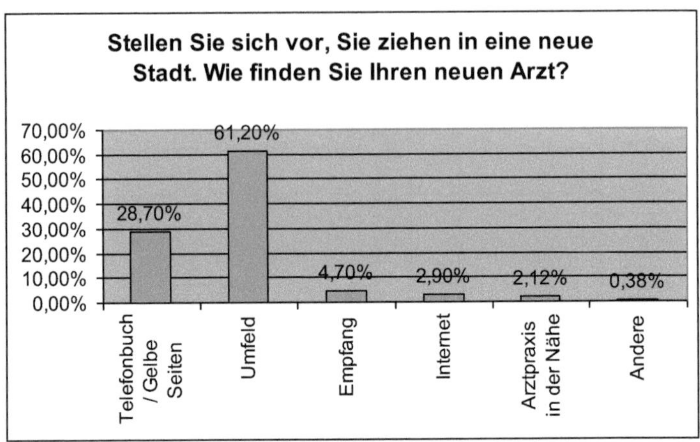

Über 60% der Teilnehmer hören sich im Umfeld um. Sie erkundigen sich bei Nachbarn und Arbeitskollegen. Fast 30% suchen einen Arzt aus dem Telefonbuch, bzw. den Gelben Seiten. Weniger als 5% gaben an, auf den Empfang verschiedener Arztpraxen zu achten. Die restlichen verteilen sich auf „Internet", „Arztpraxis in der Nähe" und „Andere".

Als nächstes sollte geklärt werden, worauf man beim Besuch des neuen Arztes besonders achtet. Hier waren Mehrfachnennungen möglich.

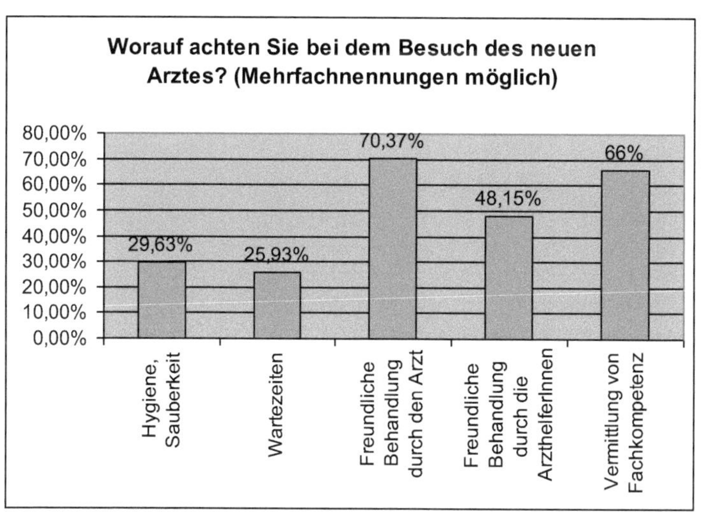

Erstaunlich wenige gaben an, auf die Hygiene zu achten. Nur 29,63%, also weniger als ein Drittel, achten in einer Praxis auf die Sauberkeit. Weiterhin könnte man annehmen, dass lange Wartezeiten die Patienten erschrecken. Doch lediglich nur 25,93% gaben an, auf die Wartezeit zu gucken. 70,37% gaben an, auf die freundliche Behandlung des Arztes zu achten, und 48,15% auf die der ArzthelferInnen. Für genau Zweidrittel der Teilnehmer stand die Vermittlung von Fachkompetenz im Vordergrund.

Die nächste Frage beschäftigte sich damit, ob man den gleichen Arzt erneut aufsucht, falls der den Erwartungen nicht entspricht.

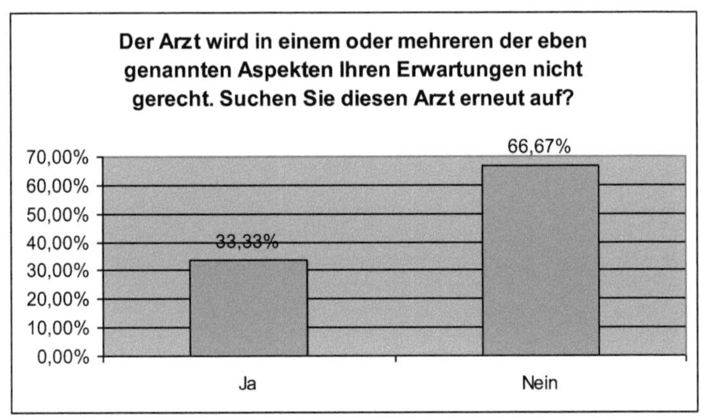

Immerhin gaben hier ein Drittel der Teilnehmer an, den Arzt weiterhin aufzusuchen. Zweidrittel zogen es vor, einen anderen Arzt aufsuchen.

Nun wurde den Befragten erklärt, dass niedergelassene Ärzte keine Doktortitel benötigen. Daraufhin wurde gefragt, wie wichtig der Doktortitel ist.

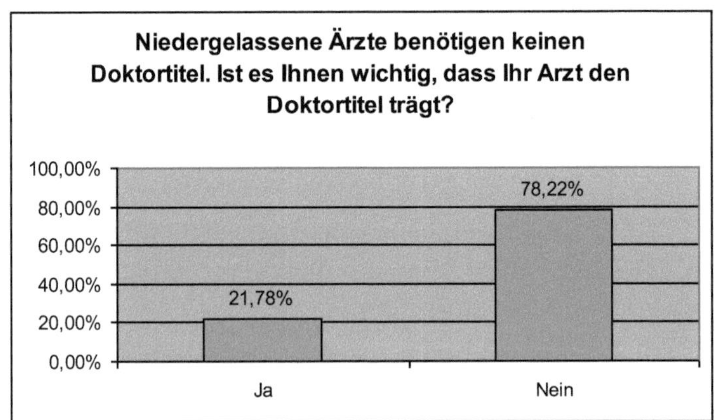

Für fast 80% war der Doktortitel nicht von Bedeutung. 21,78% sagten aus, dass es ihnen wichtig ist, dass der Arzt einen Doktortitel trägt.

Als nächstes ging es um das Tragen eines Arztkittels.

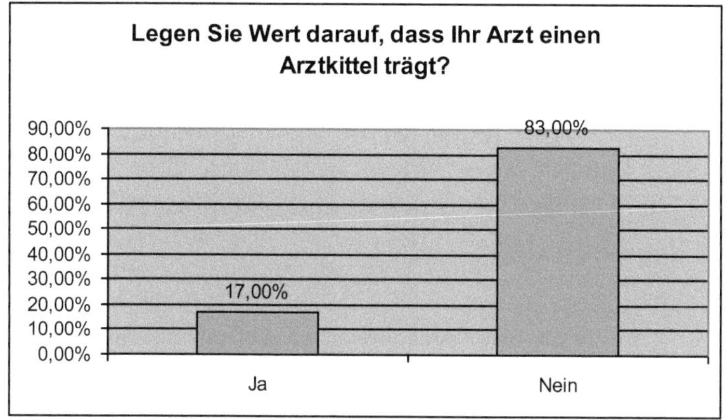

Die eindeutige Mehrheit von 83% gaben an, keinen Wert auf das Tragen des Arztkittels legen. Nur für 17% der Teilnehmer war der Kittel wichtig.

Die nächste Frage war eine Mehrfachnennung. Es ging darum, worauf man bei einem Arztbesuch achtet.

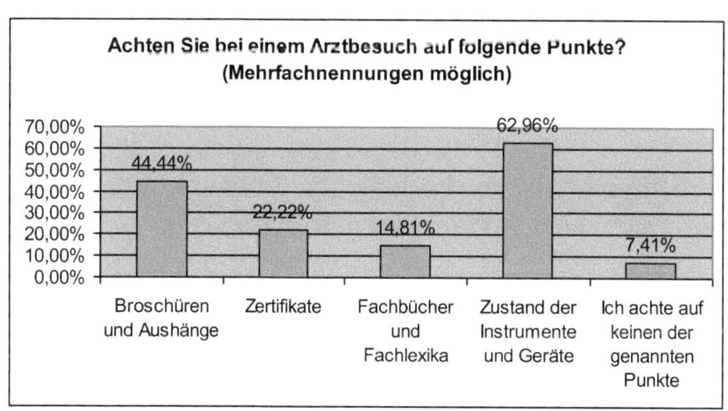

62,96% gaben an, dass der Zustand der Instrumente von Wichtigkeit sei. 44,44% der Teilnehmer, achteten auf Broschüren und Aushänge. Für 22,22%

waren auch die Zertifikate der Ärzte ein Punkt, worauf sie achten. 14,81% gaben an, auf Fachbücher und Fachlexika zu gucken. Lediglich nur 7,41% gaben an, auf keinen der genannten Punkte zu achten.

Bei dieser Frage sollte herausgefunden werden, ob sich Patienten vor einem Arztbesuch über mögliche Krankheitsbilder informieren und wenn ja, woher Sie sich die Informationen holen.

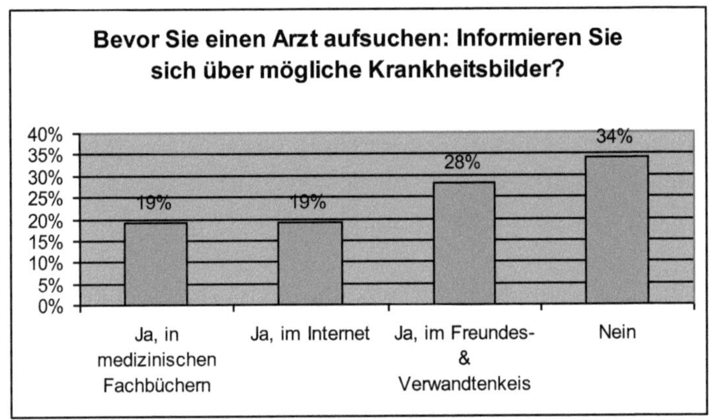

Hier fällt auf, dass sich die Mehrheit mit 66% auf irgendeiner Weise informiert. Die meisten durch Freunde und Verwandte (28%). Der Rest durchs Internet und durch medizinische Fachbücher (jeweils 19%). 34% informieren sich af keine Art und Weise.

Die folgende Frage richtete sich an die 66%, die bei der vorigen Frage mit „Ja" antworteten. Und zwar ging es darum, wie sie sich verhalten, falls die Diagnose des Arztes von den eigenen Informationen abweicht.

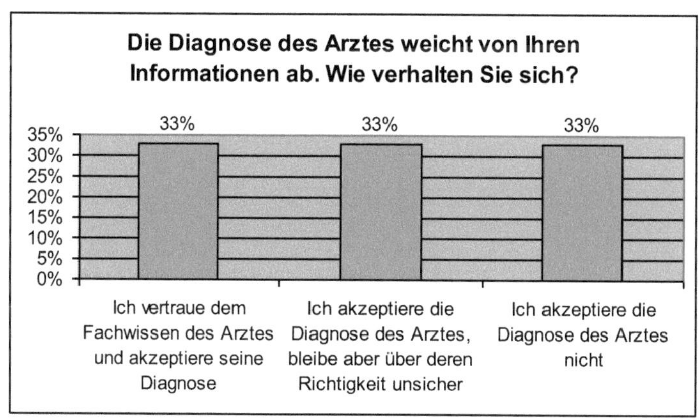

Hier gab es ein interessantes Ergebnis. Auf die drei Antwortmöglichkeiten,

- Ich vertraue dem Fachwissen des Arztes und akzeptiere seine Diagnose.
- Ich akzeptiere die Diagnose des Arztes, bleibe aber über deren Richtigkeit unsicher.
- Ich akzeptiere die Diagnose des Arztes nicht.

verteilten sich jeweils ein Drittel der Teilnehmer. Es kam zu einem konstanten Ergebnis.

Die nächste Frage richtete sich wieder an alle Teilnehmern. „Sie haben Zweifel an der Richtigkeit der Diagnose Ihres Arztes. Wechseln Sie den Arzt?" lautete die nächste Frage.

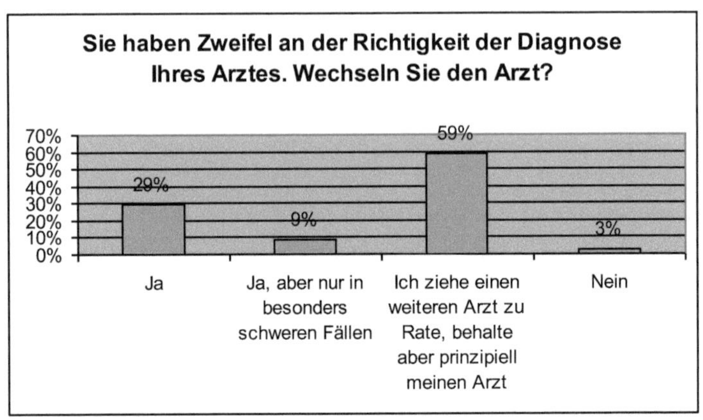

Die eindeutige Mehrheit von insgesamt über 60% gab an, den Arzt nicht zu wechseln. 59% würden einen weiteren Arzt aufsuchen, aber ihren alten beibehalten. Und 3% würden gar nichts unternehmen, also den Arzt weiterhin aufsuchen. 29% der Teilnehmer würde den Arzt auf jeden Fall wechseln und fast 10% nur dann, wenn besonders schwere Fälle (Krankheiten) vorliegen würden.

Bei der nächsten Frage, bei der Mehrfachnennungen möglich waren, wurde gefragt, worauf man bei der Behandlung achtet.

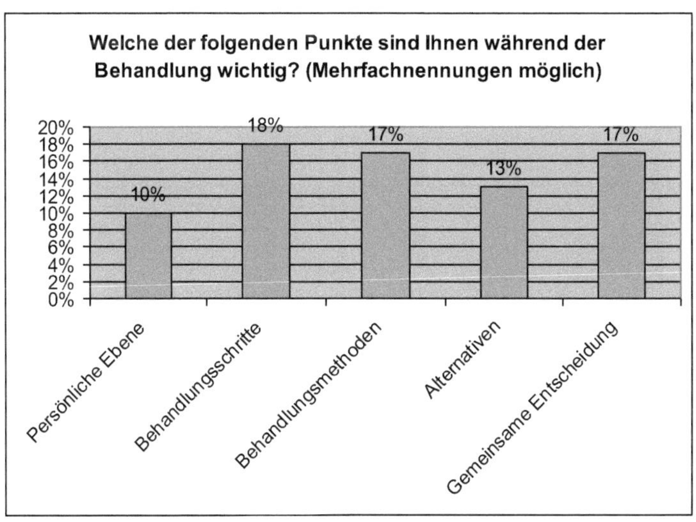

Die Mehrheit von 18% gaben an, ihnen sei es wichtig, wenn der Arzt die Behandlungsschritte, die er macht, erläutert. Jeweils 17% kreuzten „Der Arzt informiert mich über verschiedene Behandlungsmethoden." und „Die Entscheidung über die Behandlungsmethode wird gemeinsam getroffen." an. 13% der Teilnehmer zogen es vor, wenn der Arzt sie über Behandlungsmethoden informiert, die zwar nicht von der Krankenversicherung übernommen werden und selbst bezahlt werden müssen, die aber wirksame Alternativen darstellen. Für nur erstaunlich wenige 10% war es wichtig, dass der Arzt ihnen auf einer persönlichen Ebene begegnen.

Als nächstes sollte ermittelt werden, wie sich die Patienten verhalten, wenn sich der Behandlungserfolg nicht unmittelbar einstellt.

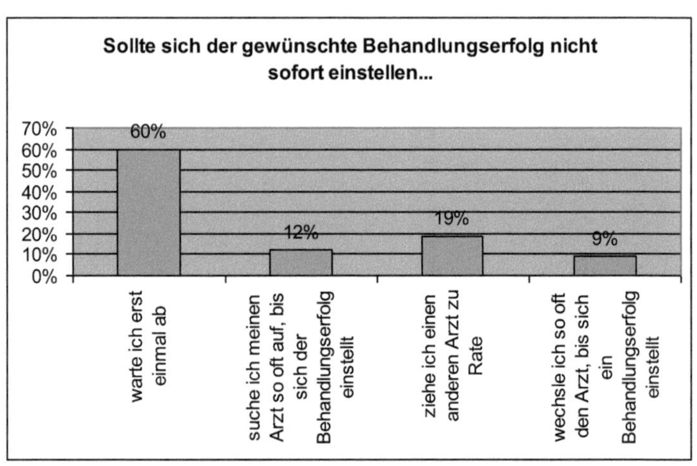

Hier gab es vier Antwortmöglichkeiten. Die Mehrheit von 60% gab an, erst einmal abzuwarten, bevor etwas Unternommen wird. 19% würden einen anderen Arzt zu Rate ziehen. 12% suchen ihren Arzt so oft auf, bis sich der Behandlungserfolg einstellt. Die restlichen 9% wechseln so oft den Arzt, bis sich ein Behandlungserfolg einstellt.

Die nächste Frage zielte daraufhin zu schauen, ob Geschlechtspezifische unterschiede eine Rolle spielen.

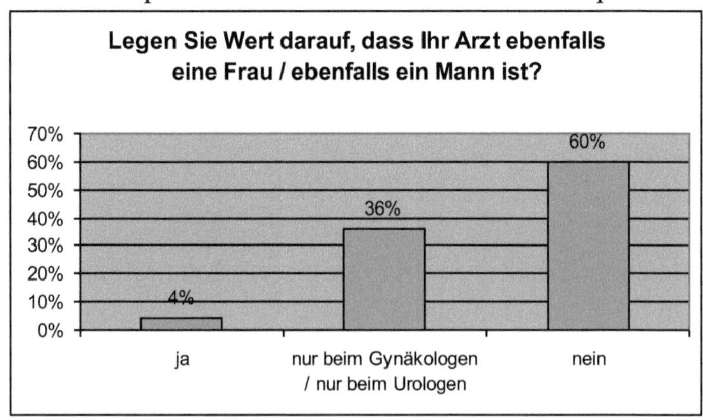

Hier gaben über 60% an, es wäre ihnen nicht wichtig, dass ihr Arzt ebenfalls eine Frau, bzw. ein Mann sei. Für 36% war es beim Gynäkologen und beim Urologen wichtig, dass der Arzt das gleiche Geschlecht hat. Wenn man also nicht beim Gynäkologen und Urologen ist, ist es für 96% der Teilnehmer egal, welches Geschlecht ihr Arzt hat. Für lediglich 4% war es wichtig, dass der Arzt das gleiche Geschlecht hat, wie man selbst.

Die folgende Frage wurde schon genauer. Abgefragt wurde das Vertrauen zu Ärzten insgesamt.

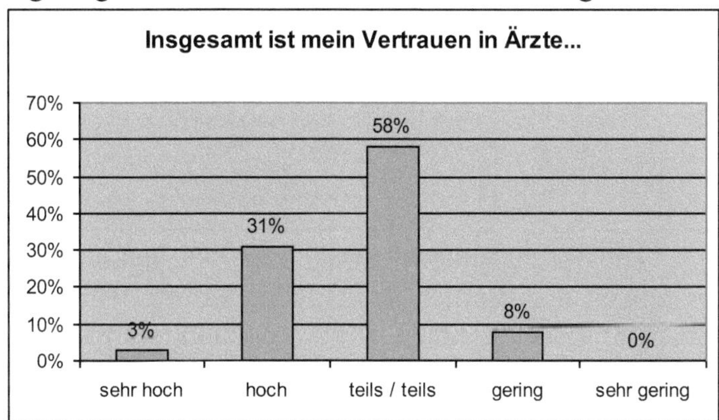

Dieses Ergebnis zeigt uns schon genau, wie die Vertrauensbeziehung zwischen Arzt und Patient ist. Gerade mal 3% gaben an, ein sehr hohes Vertrauen in Ärzte zuhaben. 31% haben ein hohes Vertrauen. 8% stufen ihr Vertrauen als gering ein. Die Mehrheit mit 58% hat teils/teils Vertrauen in Ärzte. Somit können wir sagen, dass etwas mehr als jeder Dritte (34%) mindestens ein hohes Vertrauen in Ärzte hat. Keiner der Teilnehmer hat die Frage mit „sehr gering" beantwortet.

In der vorletzten Frage ging es um Arztleistungsnachweise. Patienten haben die Möglichkeit, einen Arztleistungsnachweis zu erhalten. Dieses ist eine Aufstellung darüber, welche Leistungen der Arzt bei der Krankenkasse abgerechnet hat. Nun wurde gefragt, wie diese Möglichkeit bewertet wird

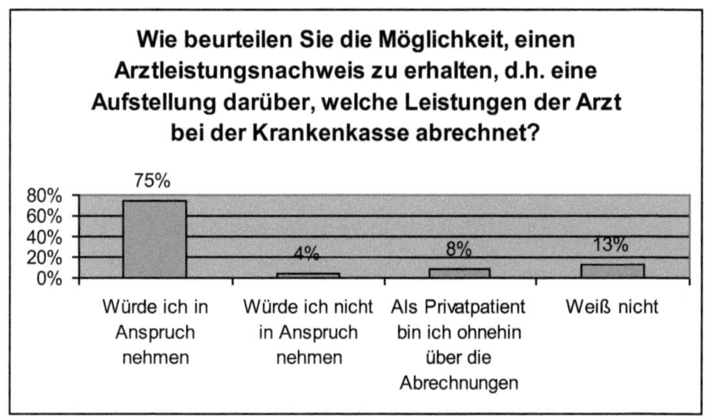

Die überragende Mehrheit von 75% gab an, diese Möglichkeit in Anspruch zu nehmen. Nur 4% würden es nicht in Anspruch nehmen. 8% waren als Privatpatienten ohnehin von den Abrechnungen informiert. Lediglich nur 13% der Teilnehmer hatten keine Meinung und kreuzten „weiß nicht" an.

Die letzte Frage stand in Beziehung mit der vorletzten Frage. Angenommen man erhält einen Arztleistungsnachweis. Und es stellt sich heraus, dass der Arzt Leistungen abgerechnet hat, die er nicht erbracht hat. Die Frage hierzu lautete: „Hätte dieser Sachverhalt Auswirkungen auf das Verhältnis zu Ihrem Arzt?"

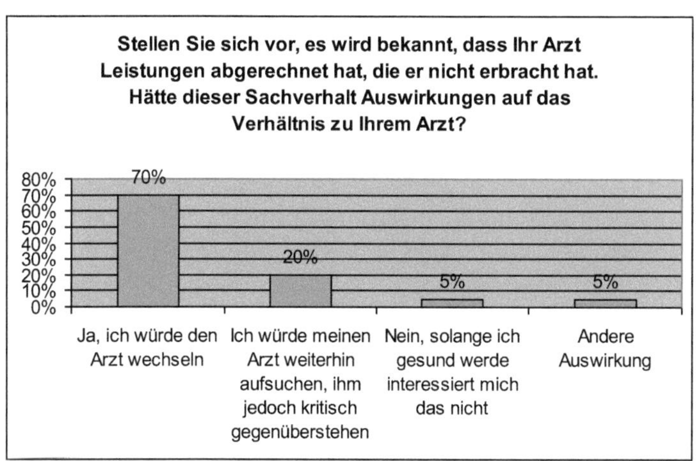

Auch hier gab es eine eindeutige Mehrheit. 70% würden den Arzt bei so einem Sachverhalt wechseln. 20% würden zwar den Arzt beibehalten, ihm aber kritisch gegenüberstehen. 5% würden den Arzt nicht wechseln, denn „solange ich gesund werde, interessiert mich das nicht". Die restlichen 5% hätten andere Auswirkungen verübt.

Ergebnis

Zunächst einmal zeigt sich ganz deutlich, dass ein Zusammenhang zwischen dem ist, was der interviewte Arzt sagte und dem, was die Patienten antworteten. Der ist nämlich relativ gleich. Schauen wir uns diese an:

Auf die Frage, wie man neue Patienten gewinnen kann, antwortete der Arzt: „Am Wichtigsten ist es, durch eine medizinisch qualifizierte und menschliche Betreuung die Patienten an die Praxis zu binden." Gleichermaßen sehen wir in der Patientenbefragung, dass 70,37% angaben, auf die freundliche Behandlung des Arztes zu achten, und 48,15% auf die der ArzthelferInnen. Für genau Zweidrittel der Teilnehmer stand die Vermittlung von Fachkompetenz im Vordergrund.

Zum gleichen Ergebnis kommen wir auch bei der „Kittelfrage". Der Arzt gab an, keinen Wert auf den Kittel zu legen und dass er somit keinen Kittel trägt. Genauso meinten 83% der Patientenbefragung, der Kittel sei nicht so wichtig.

Die Frage „Was machen Sie bei der Behandlung? Z.B. erläutern Sie die Schritte die Sie machen?" wurde durch den Arzt folgendermaßen beantwortet: „Aufklärung ist das A und O bei der hausärztlichen Tätigkeit. Das trifft vor Allem dann zu, wenn schwere Erkranken auftreten. Soweit der Patient körperlich und seelisch dazu in der Lage ist, hat er ein Anrecht auf vollständige Aufklärung über seine Erkrankung. Ziel muss sein, die Mündigkeit des Patienten nicht einzuschränken." So sehen das auch die Patienten. 18% gaben an, ihnen sei es wichtig, wenn der Arzt die Behandlungsschritte, die er macht, erläutert. Jeweils 17% kreuzten „Der Arzt informiert mich über verschiedene Behandlungsmethoden." und „Die Entscheidung über die Behandlungsmethode wird gemeinsam getroffen."

Nun versuchen wir die Ergebnisse im Hinblick auf die Vertrauensbeziehung zuinterpretieren. Da am Anfang eines Arztbesuchs noch kein Vertrauen zueinander besteht, da man sich noch nicht kennt, ist der erste Kontakt sehr wichtig. Bei dem ersten Besuch muss das Vertrauensverhältnis erst hergestellt werden. Ansonsten wird bei Unzufriedenheit schnell ein Wechsel erwogen. 66% gaben hier an, den Arzt nicht mehr aufzusuchen.

Symbole wie Doktortitel, Arztkittel oder Zertifikate spielen bei der Generierung von Vertrauen gegenüber der Interaktion und Kommunikation mit dem Arzt eine untergeordnete Rolle. Hier hat der Arzt also vollkommen Recht, dass Symbole Macht- und Autoritätsgefühle erwecken, die den Patienten negativ beeinflussen. Der Patient legt hier für keinen Wert.

Der Eindruck des informierten und mündigen Patienten bestätigt sich: Die Mehrheit der Befragten informiert sich vor dem Arztbesuch über mögliche Krankheitsbilder. Mit dieser Entwicklung scheint das Verhältnis des Patienten zum Arzt Vertrauen einzubüßen: Bei abweichender Diagnose des Arztes vertrauen ein Drittel der Befragten diesem vollkommen, ein Drittel akzeptiert die Diagnose zwar, behält aber Zweifel, und ein Drittel akzeptiert die Diagnose nicht.

Das Verhältnis zum Arzt ist zwar weiterhin durch Loyalität geprägt, Kontrollmöglichkeiten werden allerdings wahrgenommen: Bei Zweifeln über die Diagnose sichert sich die Mehrheit der Befragten zwar durch einen weiteren Arzt ab, sucht ihren Arzt jedoch weiterhin auf. Immerhin 30% würden in diesem Fall den Arzt wechseln.

Bei dem Eintritt des Behandlungserfolges ist das Verhältnis überwiegend durch Loyalität gekennzeichnet: 60% vertrauen dem Arzt und warten erst einmal ab, der sogenannte ‚Ärztehopper' findet sich in der Stichprobe kaum.

Eine Kontrollmöglichkeit über die Abrechnungen des Arztes würde von der überwiegenden Mehrheit der Befragten wahrgenommen werden. Bei Bekanntwerden von falschen Abrechnungen sehen fast alle befragten Patienten das Vertrauensverhältnis als zerstört oder beeinträchtigt an.

Aufgrund der Informiertheit des Patienten und der höheren Nutzung der Möglichkeit, von einem Wechsel des Arztes Gebrauch zu machen, gewinnt die Glättung des asymmetrischen Verhältnisses von Arzt und Patient bei der Generierung von Vertrauen an Bedeutung: **Der Patient möchte freundlich behandelt werden und über Behandlungsschritte und Behandlungsmethoden, zum Teil auch über selbst zu zahlende Alternativen informiert werden. Bei der Entscheidung über die Behandlung legt der Patient Wert auf ein Mitspracherecht.**

10.0 Exkurs - Medizinische Qualitätsnetze

An dieser Stelle folgt ein Exkurs, in dem das Konzept der Medizinischen Qualitätsnetze näher vorgestellt werden soll. Zunächst wird die Notwendigkeit solcher Netze diskutiert. Danach geht es um Qualitätsstandards, die von den Netzen gesetzt werden müssen. Daran anschließend wird versucht werden, einen Einblick darüber zu geben, wie die Situation der Ärzte ist, sich als Kollegen oder Konkurrenten zu sehen. Der Zwiespalt zwischen Kooperation und Wettbewerb werden hier bearbeitet. Wie ein Netz gesteuert wird und welche Bedenken und Risiken es gibt, die man beachten muss, wenn man in ein Netz einsteigen will, sollen ebenfalls thematisiert wird. Das große Problem des Vertrauens, die Vertrauenslücke, ist auch hier ein Thema. Anschließend geht es um die Pharmaunternehmen, die wesentlich verantwortlich für die Entstehung von Medizinischen Qualitätsnetzen sind. Als letztes folgt eine Selbstdarstellung des Medizinischen Qualitätsnetzes Westküste.

Die Notwendigkeit

Ökonomischer Druck, Steigerung der Patientenzahlen, Steigende Konkurrenz (wenn man das einmal so nennen darf) und die wachsenden Anforderungen an Ärzte in letzten Jahren führten dazu, dass eine Alternative, eine Umstrukturierung stattfinden musste. Aus dieser Suche heraus bildete sich die Idee der Medizinischen Qualitätsnetze. Diese Netze sind lokale Kooperationsgemeinschaften von verschiedenen Ärzten, wie z.B. Hausärzten, Fachärzten oder Klinikärzten. Diese Kooperation soll die Bereitstellung von Qualität als Ziel haben. Diese Qualität ist in so einem Maße, dass es ein einzelner Arzt nicht bieten kann.

Ein weiteres Ziel ist, Anerkennung für die gebotene Qualität zu gewinnen. Dies hat den Effekt, dass die Patientenzahlen steigen und dies wiederum hat wirtschaftliche Vorteile für jeden einzelnen Arzt im Netz. Ortmann und Schnelle nennen deshalb Medizinische Qualitätsnetze auch Wettbewerbsgemeinschaften (Ortmann, Schnelle, 2000, S. 207). Dieser Begriff ist den Ärzten natürlich erst einmal fremd. Doch steigenden Anforderungen und Kosten lassen den Ärzten keine andere Wahl sich als Wettbewerber zu sehen. Einige Ärzte sind der Meinung, Ärzte seien dem Wettbewerb auszusetzen. Aber die meisten können sich mit diesem Begriff nicht anfreunden. In den Qualitätsnetzen sehen die meisten „lediglich nur den Effekt, sich auf dem Laufenden halten zu können" (Ortmann, Schnelle, 2000, S. 209).

Es war im Jahre 1994 als die ersten Medizinischen Qualitätsnetze entstanden. Damals noch unter dem Namen Kardiologische Qualitätsnetze. Die Schwarz Pharma Deutschland GmbH unterstütze dieses System. Zusammen mit dem Beratungsunternehmen Metaplan Consulting wurden die ersten Netze gegründet. Ende 1998 gab es ca. 80 lokale Netze (Ortmann, Schnelle, 2000, S. 208). Materiell, wie auch immateriell unterstütz das Pharma Unternehmen die Netzwerke. Danach steuern sich die Netze durch eigens entwickelte Regeln und Standards.

118

Qualitätsstandards

Wie schon im zweiten Kapitel erwähnt, führen Qualitätsstandards zum Erreichen der Ziele der medizinischen Qualitätsnetze. Hierbei geht es um die Qualität der Leistungen von Arzt und Praxis für die Patienten. Nun stellt sich die Frage, was überhaupt Qualität für die Patienten sei?

Patienten sind kaum in der Lage zu erkennen, was ihnen als Leistung angeboten wird. Es fehlt ihnen nicht nur das Wissen, sondern auch die Vergleichsmöglichkeiten. Es gibt keine wirkliche Überprüfung der Qualität der Ärzte. Daher werden Ärztliche Dienstleistungen auch als Vertrauensgüter bezeichnet. Um eine Informationsbrücke zwischen Arzt und Patient aufzubauen, wird das „Signaling" als Mittel benutzt. Hier geht es darum, mit bestimmten Mitteln, die Qualität des Arztes zu signalisieren: Doktortitel, Akupunkturwissen, weißer Kittel, Fachchinesisch. Auch die Medizinischen Qualitätsnetze benutzen dieses Mittel: Herzpässe, Broschüren und vor allem Qualitätsstandards.

In Netzwerken werden Qualitätsstandards gebildet. Für die Patienten soll erkennbar werden, dass die Ärzte diesen Standard einhalten und auch sich gegenseitig auf die Einhaltung hin überwachen. Somit können die Patienten die ärztlichen Leistungen messen. Für die Steuerung des Netzes sind diese Standards von großer Bedeutung. Qualitätsstandards sichern, dass alle Ärzte in gleichgerichteter, miteinander abgestimmter Weise handeln (Ortmann, Schnelle, 2000, S. 211). Hier wird z.B. definiert, wie Ärzte bei bestimmten Krankheiten diagnostizieren und therapieren sollen.

Qualitätsstandards dienen gleichzeitig zur Dokumentation, zur Patienteninformierung oder zur Patientenführung. Diese Standards dienen dazu, „die Qualität auf der Strecke zu sichern, die ein Kranker durchläuft, wenn er verschiedene Ärzte aufsuchen muss, die sich um seine Krankheit kümmern" (Ortmann, Schnelle, 2000, S. 215).

Nach drei Grundsätzen (Ortmann, Schnelle, 2000, S. 213) werden die Qualitätsstandards definiert:

1. Es wird nichts überflüssig oder doppelt gemacht.
2. Was erforderlich ist, bestimmt sich a) aus den medizinischen Auffassungen b) aus der mobilisierbaren Mitarbeitsbereitschaft der Patienten und c) aus den ökonomischen Möglichkeiten, die das Gesundheitssystem einräumt.
3. Der Patient soll die Möglichkeit haben, seine Behandlung zu kontrollieren.

Viel wichtiger, als die Bildung solcher Qualitätsstandards, ist die Einhaltung der Standards. In kleineren Netzen hat man durch die soziale Kontrolle den Effekt, dass die Vereinbarungen auch tatsächlich eingehalten werden. In größeren Netzen muss man vielleicht sogar Kontrollinstanzen setzen müssen.

Kollegialität oder Konkurrenz

Ökonomische Vorteile in einem Qualitätsnetz sind nicht wirklich so groß. Personal- und Sachkosten lassen sich fast gar nicht einsparen. Es ist eigentlich die Zeit, die man einspart. Denn Zeit ist Geld. Die Arztarbeitszeiten reduzieren sich. Durch die Kooperation spart man sich die Zeit, die man sonst für die neuen medizinischen Erkenntnisse verwendet hätte. Denn in einem Netz gibt es diese Informationen für wenig Aufwand. Außerdem helfen die Standards, die ärztlichen Empfehlungen gegenüber den Patienten zu legitimieren. Auch hier wird Zeit gespart. Zeit, in der man Erklärungs- und Überzeugungsarbeit geleistet hätte.

Wenn man nun die wirtschaftlichen Vorteile außer Acht lässt, gibt es einen weiteren Vorteil für die Teilnehmer in einem Netz. Nämlich Wettbewerbsvorteile. Durch die gute Zusammenarbeit der Partner in einem Netz, hebt sich die Praxis von anderen ab und gewinnt für die Patienten an mehr Qualität. Und dies spricht sich herum und die Patientenzahl steigt an.

Wie schon eingangs erwähnt, sehen sich die Ärzte in der Regel nicht als Konkurrenten oder Wettbewerber. Sie fühlen sich solidarisch mit anderen Ärzten und konkurrieren nicht miteinander. Vielmehr solidarisiert man sich gegen andere: gegen den Staat, gegen die Krankenkassen oder gegen andere Arztgruppen (Ortmann, Schnelle, 2000, S. 217). Doch gleichzeitig gründet man Netze, um Vorteile gegenüber den anderen zu haben, die nicht in einem Netz sind. Aus Kollegialität wird plötzlich Konkurrenz. Aber viele können sich mit diesem Begriff nicht anfreunden. Man scheut wettbewerbliche Handlungswiesen, die ihren Kollegen zum Nachteil gereichen können. Diesen Prozess verdrängt man am besten, in dem man nicht darüber spricht! Man kann aber auch die Qualität als Grund für den Zusammenschluss in einem Netz sehen, denn Qualität ist gemeinsam leichter zu erreichen, als alleine. So hat man den Begriff der Konkurrenz auch abgeschafft. Man beachte, dass nur 10 bis 12 der 85 eingerichteten Netze sich als Wettbewerbsgemeinschaft sehen. Für den Rest ist es ein Fortbildungskreis (Ortmann, Schnelle, 2000, S. 218).

Steuerung durch Regeln

Damit die Steuerung funktioniert, damit eine Art Ordnung entsteht, muss man feste Regel setzen. Diese Regeln dienen gleichzeitig zur Steuerung und zur Selbststeuerung. Hierbei werden Qualitätsstandards definiert. Somit soll den Patienten etwas angeboten werden, nämlich Qualität, was ein einzelner alleine nicht anbieten kann.

Durch diese Standards soll sich der Kunde wohlfühlen, er soll nachvollziehen können, was mit ihm passiert und vor allem soll er nicht mehrere verschiedene Versionen seiner Krankheit zu hören bekommen. Denn in so einem Standardnetz werden die Behandlungsmethoden der einzelnen Ärzte aufeinander abgestimmt, was die Qualität und Sicherheit verbessert. Der Patient soll das Gefühl haben, dass es das Qualitätsnetz ist, dass den Vorteil anbietet und dass es ein einzelner nicht könnte.

Durch diese Möglichkeit, gemeinsam Qualität zu schaffen, gewinnt der jeder einzelne Arzt im Qualitätsnetz einen großen Vorteil gegenüber den Ärzten, die nicht Mitglieder im Netz sind. Denn diese müssen ganz alleine die Arbeit und Qualität anbieten, die mehrere zusammen in einem Netz anbieten. Ökonomisch hieße das „collaborative advantage" (vgl. Kanter, 1994), also „Vorteile durch Kooperation".

Die Teilnehmer in einem Netzwerk haben durch diese Kooperation viele Vorteile:

1. Den Patienten kann eine sichere, gute, einheitliche Behandlung angeboten werden.

2. Durch den Ausbau an Leistungsangeboten in Richtung qualitativer Standards, hat man eine positivere Rolle gegenüber den Kassenärztlichen Vereinigungen. Die eigene Argumentations- und Verhandlungsmacht wird gestärkt.

3. Man hat mehr Anweisungsmöglichkeiten gegenüber den Krankenhäusern. In einem Netz kann man leichter Qualitätsstandards und Behandlungsweisen durchsetzten.

4. Gegenüber den Ärzten, außerhalb des Netzes, deren Angebot nicht an die der Mitglieder im Netz reicht. Sie können die gleichen Standards alleine nicht anbieten.

Diese und andere Vorteile in einer Kooperation sind natürlich viel wert. Und alles was wert ist, ist meistens nicht umsonst zu haben.

In einem Netz, in einer Kooperation, muss das nötige Vertrauen erst aufgebaut werden. Erst durch Vertrauen, können die nötigen Standards definiert und eingehalten werden. Und dies kostet Zeit und Geld. Die wichtigste Investition ist daher Vertrauen.

Um zu steuern, braucht man aber auch einen Anführer. Diesen muss es notwendigerweise gegen, damit das Netz zusammenhält. Ohne einen Anführer würde nach kurzer Zeit nicht mehr passieren. Also wird einer der Teilnehmer als Anführer erkannt.

Damit die ganze Kooperation und die Standards auch funktionieren, muss das Netz gut organisiert sein. Im Wesentlichen erfolgt die Steuerung medizinischer Qualitätsnetze durch ihre Organisation – durch ihre reflexive Strukturation (vgl. Ortmann, Sydow, Windeler, 1999). Es müssen organisatorische Regeln festgelegt werden. Diese Regeln können als Vereinbarungen oder Deklarationen verabschiedet werden.

Bedenken und Risiken

Aber überall da, wo es Regeln gibt, kann es auch Regelbrecher geben. Überall da, wo Vertrauen nötig ist, muss man riskieren; denn der Anreiz für einzelne, dieses Vertrauen auszunutzen ist gegeben.

124

Ärzte, die in ein Netz einsteigen wollen, müssen dies gut bedenken. Das Vertrauen und das Wissen, dass sie in das Netz investieren, kann ausgenutzt werden. Es werden nun einige Risiken vorgestellt, die bei Ortmann und Schnelle (2000, S. 225-227) als Bedenken aufgelistet sind:

1. Die Freiheit wird eingeschränkt. Es ist möglich, dass Netzteilnehmer ihre üblichen Praktiken, Methoden und Routinen verändern oder aufgeben müssen. Da man die festgelegten Qualitätsstandards, die man selber mitformuliert hat, einhalten muss, kann die eigene Freiheit eingeschränkt werden. „Standardisierung ist anders nicht zu haben, als dass alle auf Sonderrechte und Sonderwege verzichten" (Ortmann, Schnelle, 2000, S. 225). Dies ist nötig, um ein hohes Qualitätsniveaus und die Abgestimmtheit der Behandlungsmethoden im Qualitätsnetz abzusichern. Es ist von großer Bedeutung, dass alles im Netz diskutiert und die Regeln festgelegt werden. Aber die Verpflichtung, ein bestimmtes Medikament zu benutzen, ist nicht vorhanden.

2. Man investiert Wissen und bekommt nicht genug zurück. Ortmann und Schnelle benutzten den Begriff des „free riders". Hiermit sind Netzwerkteilnehmer gemeint, die in den vollen Genuss der Vorteile des Netzes kommen, ohne dazu selbst beizutragen. Besonders in Netzen mit vielen Teilnehmern, ist die Wahrscheinlichkeit für das Auftreten solcher

free rider größer. In kleineren Gruppen kann dies sofort auffallen, was Konsequenzen für den Ausnutzer hat.

3. Abhängigkeit von anderen. Wer in einem Netz teilnimmt, ist sozusagen abhängig von den anderen Teilnehmern. Es kann dazu kommen, dass andere Teilnehmer ihren Verpflichtungen nicht nachkommen. Es hat aber den Vorteil, dass man mit diesen Teilnehmern reden kann, sie kritisieren oder ihnen helfen kann; da man zusammen in einem Team arbeitet. Da alle voneinander abhängig sind, ist man sozusagen aneinandergebunden. Ortmann und Schnelle geben hier ein spieltheoretisches Beispiel von Farrel und Saloner (1987) wieder.

4. Mühe, Zeit und Geld als Kostenfaktor. Damit ein Netzwerk funktioniert, reicht es nicht aus, nur Geld zu investieren. Auch Arbeit muss investiert werden. Es gibt aber einen wesentlichen Vorteil im Netz. Vorteil gegenüber der Arbeit und Geld, die man alleine auch investiert hätte. Nämlich, dass man sich im Netz die Kosten von Anfang an mit den anderen teilt.

5. Ausnutzer von außerhalb des Netzes. Es kann dazu kommen, dass andere Ärzte, die nicht im Netz sind, indirekt versuchen, Nutzen aus diesem Netzwerk zu ziehen, z.B. möchten diese Ärzte den Auftragsschein oder den Herzpass des Netzes mitbenutzen. Doch dafür müssen sie in das Netz eintreten. Erst dann können sie die

Vorteile des Netzes benutzen und die gibt es nicht umsonst.

6. Sich Selbstständig machen. Es könnte sein, dass ein Netzwerkteilnehmer auf die Idee kommt, dass Netzwerk zu verlassen und die gleichen Qualitätsstandards alleine anzubieten. Um dies zu verhindern, muss den Netzwerkteilnehmern klar sein, dass dieses Netz ihr eigenes Netz ist. Sie müssen in das Netz so integriert sein, dass sie erst gar nicht auf die Idee kommen, das Netz, das dann ihr eigenes ist, zu verlassen. Andererseits muss man auch die Patienten in die Netzaktivitäten einbinden, so dass sie gleichzeitig überprüfen können, ob die Qualitätsstandards eingehalten werden. Ein einzelner Arzt hat es dann viel schwieriger, auszusteigen und die gleiche Qualität anzubieten. Dies ist dann viel zu kostspielig.

Wenn man sich die ganzen Risiken und Bedenken anschaut, dann erkennt man schnell, was das wichtigste in diesem Netz ist; nämlich Vertrauen. Das Risiko, zu vertrauen und ausgenutzt zu werden, hält die Ärzte davon ab, in ein Qualitätsnetzwerk einzusteigen.

Vertrauenslücke

Ich möchte nun einen spielthcoretischen Ansatz zeigen, dass die Lage der Ärzte, die vor der Wahl stehen, in ein Netz einzusteigen, am besten zeigt. Dieser Ansatz ist wieder von Farrell und Saloner (1987). Diesmal geht es nicht um Pferde, sondern um Pinguine. Man stelle sich vor, dass sich ein Haufen voller Pinguine auf einer Eisscholle befindet. Die Pinguine haben Hunger und wissen ganz genau, dass sie unten im Wasser die besten und die leckersten Fische erwischen können. Aber gleichzeitig könnten sich dort auch Raubfische befinden, die die Pinguine verspeisen wollen. Wie handeln nun die Pinguine? Sie werden einfach sagen: „See and wait."

Ortmann und Schnelle nennen dieses Beispiel um die Situation der Ärzte zu beschreiben: „Sollen doch andere mit der Standardisierung beginnen – ich warte ab und springe erst ins Wasser, wen ich sehe, dass die Sache klappt" (Ortmann, Schnelle, 2000, S. 227). Da nun alle so denken, und alle abwarten, kommt keiner an die leckeren Fische ran.

Weiterhin spricht man hier von einer Organisationslücke (vgl. Kubicek, 1993; Monse, Reimers, 1994). Gemeint ist, dass alle ein bestimmtes Qualitätsstandard wollen, dass ihnen nur Vorteile bringt, aber es niemanden, keine Institution oder Organisation gibt, dass sie alle an einen Tisch versammelt. Doch mit der „See and wait" - Taktik hat keiner etwas davon und alle träumen von den schönen Standards.

Für die medizinischen Qualitätsnetze übernehmen die Pharma- und Beratungsunternehmen diese Aufgabe. Sie versuchen, die Ärzte alle an einen Tisch zu versammeln. Natürlich haben sie auch selber Vorteile durch diese Netze. Auf jeden Fall wird diese Organisationslücke geschlossen. Es liegt also an den Ärzten ob sie selber im Stande sind, die einzige Lücke, die noch offen ist zu schließen, und das ist die Vertrauenslücke.

Hier wird wieder ein Beispiel aus der Ökonomie vorgestellt. Und zwar geht es hier um den Begriff der „doppelten Kontingenz", also doppelte Abhängigkeit. Ich mache mein Handeln von Deinem Handeln abhängig, aber Du Dein Handeln von meinem. Diese Denkweise geht unendlich so weiter, beide Parteien machen nichts. Man könnte diese Denkweise auch so formulieren: ich würde ja mit Dir kooperieren, aber ich weiß nicht, ob ich es tun soll (und lasse es lieber), weil ich ja nicht wissen kann, ob Du mich nicht über den Tisch ziehst (Ortmann, Schnelle, 2000, S. 227). Man spricht in diesem Fall von einer Theorie kooperativer Spiele (vgl. Axelrod, 1987).

Die Lösung für das Problem liegt in der Aussage: „Kooperiere zunächst (gib einen Vertrauensvorschuss) und höre damit erst auf, wenn der andere egoistisch reagiert; dann aber reagiere sofort mit Vergelten, aber mit einer begrenzten" (Ortmann, Schnelle, 2000, S. 228).

Hier geht es darum, Kooperation zu belohnen und Ausbeutung zu bestrafen. Somit ist sich jeder bewusst, dass es zu Vertrauensmissbrauch kommen kann. Niemand lässt sich dann naiv nur auf Kooperation ein. Wenn eine Vertrauensbasis hergestellt ist, ist dies wie eine Kette. Der eine Teilnehmer vertraut dem anderen. Wenn das Vertrauen gerechtfertigt wird, wird man wieder vertrauen. Und der andere Teilnehmer wird diesem Teilnehmer auch wieder vertrauen. Somit wird ein Netz voller Vertrauen aufgebaut. Dadurch verhalten sich andere Teilnehmer auch kooperativ und die Vorteile alle zusammen aus diesem Netz ziehen können wächst an.

Damit dieses Vertrauen hergestellt wird und es beständig ist, muss man bestimmte Regeln festlegen. Diese Regeln der Kooperation, Deklarationen, wurden ja schon vorher vorgestellt. Wenn man diese Regeln knapp und klar zusammenfassen will, dann lauten sie wie folgt (Ortmann, Schnelle, 2000, S. 228):

1. Der Eintritt ins Netz kostet einen Preis – nämlich die Verpflichtung auf die Netzstandards.
2. Nicht-Kooperation – Trittbrettfahrerei – wird unverzüglich, aber nicht mit extremer Härte geahndet.
3. Nicht nachtragend sein.
4. Den Austritt aus dem Netz einigermaßen kostspielig machen.
5. Im Notfall vor Ausschluss aus dem Netz nicht zurückschrecken.
6. Vertrauensvorschuss

Vertrauen aufzubauen ist nicht leicht. Es kostet meistens viel Zeit, bis es hergestellt ist. Um zu Vertrauen, braucht man Erfahrung. Und um Erfahrungen zu machen, muss man Vertrauen können. Ortmann und Schnelle setzten hier auf „Sich trauen". Sich trauen, langsam ran tasten und die erste Verbindung herstellen.

Unterstützung durch Pharma-Unternehmen

Qualitätsstandards und Kooperationsregeln sind die notwendigen Bedingungen um ein Medizinisches Qualitätsnetzwerk zu steuern. Durch diese Standards und Regeln ist den Ärzten eine gute Arbeit vordefiniert. Doch eine andere wichtige Quelle, die Ressourcen, wie Manpower, Know-How, Beratung usw. anbietet ist das Pharma-Unternehmen. Sie ist sozusagen der Netzorganisator. Es hat die Rolle eines Beraters. Um es klar zu sagen: Ohne die Hilfe der Firma Schwarz Pharma, wären wahrscheinlich die Medizinischen Qualitätsnetze nicht zu Stande gekommen. Im Sommer 1993 beauftragte das Pharma-Unternehmen Metaplan Consulting, ein Beratungsunternehmen, mit der Vorarbeit zur Entwicklung der Netze. Dieses Unternehmen hatte das nötige Know-how um als Berater für das Pharma-Unternehmen zu dienen. Diese entschloss sich 1994, Medizinische Qualitätsnetze anzuregen und zu unterstützen.

Als Gegenleistung erwartet das Unternehmen von den Netzteilnehmern, „dass sie ihre Präparate in angemessener Weise berücksichtigen" (Ortmann, Schnelle, 2000, S. 220). Das heißt, wenn die Präparate des Pharma-Unternehmens aus medizinischen Gründen gebraucht werden und diese mindestens so gut wie andere Präparate sind, sie auch eingesetzt werden.

Das Pharma-Unternehmen kann aber die Unterstützung nur so lange erbringen, als es sich das leisten kann. Wenn das Unternehmen die Möglichkeit verliert, Ärzte zu unterstützen, sieht es kritisch für die Medizinischen Qualitätsnetze aus. Bisher gibt es keine anderen Finanzierungsmöglichkeiten. Ohne diese Hilfe und die Unterstützung, wären Ärzte sicherlich nicht in der Lage, diese Netze fortzuführen oder neue aufzubauen.

Selbstdarstellung

An dieser Stelle lohnt es sich eine Selbstbeschreibung anzuschauen. Und zwar die des Medizinischen Qualitätsnetzes Westküste. Dieses Infoblatt wurde für die Patienten der Ärzte hergestellt. Im Anschluss zu dieser Darstellung folgt eine Einschätzung im Schlusswort.

„Wir sind eine Gemeinschaft, die mehr als die Hälfte der Dithmarscher Praxen umfasst. MQW steht für den Begriff Medizinisches Qualitätsnetz Westküste. Sicherlich kennen Sie schon unser Logo mit dem blauen Segel und den Buchstaben MQW, das in allen Praxen zu sehen ist, die unserem Qualitätsnetz angehören. Wir möchten Ihnen etwas über uns erzählen, Sie informieren über den Sinn und Zweck dieses Netzes und was es für Sie bedeutet. Es beinhaltet die verbesserte Zusammenarbeit vieler niedergelassener Ärzte aus fast allen Fachgebieten.

- hohe Qualitätsstandards der Netz-Ärzte durch verbesserte Fortbildungsmöglichkeiten
- kürzere Wege durch dezentrale Organisation
- optimiertes Terminmanagement durch persönliche Kontakte und schnelle Absprachen zwischen den Netz-Ärzten
- optimierte Diagnostik durch enge Kontakte mit Fachärzten

- Vermeidung von Doppeldiagnostik, unnötige Medikation entfällt
- verbesserte Kommunikation mit dem Krankenhaus
- der Netz-Arzt ist nicht mehr isolierter Einzelkämpfer, er ist höher motiviert, zufriedener mit seiner Berufssituation. Dies spüren Sie als Patient.
- verbesserte Kontakte zu Gesundheitspartnern (Pflegebereich, Therapeuten)

Wir bieten: Eine Abendpraxis in *** an allen Werktagen von 19:00 bis 22:00 Uhr, unter Tel. ***, wo Ihnen eine Ärztin oder ein Arzt zur Verfügung steht. Damit stehen wir außerhalb der üblichen Sprechstundenzeiten mit Rat und Tat zur Seite.

Wir haben erreicht, dass niemand nur deshalb ins Krankenhaus muss, weil er fürchtet bei unvorhergesehenen Komplikationen ohne kompetente Hilfe zu sein. Patienten, die beispielsweise nach einer ambulanten Operation ärztlich versorgt werden müssen, werden dann auch zu Hause von einem Arzt aufgesucht. Aber auch ältere Patienten, die pflegerisch und ärztlich betreut werden müssen, können so zu Hause versorgt werden.

Die üblichen Sprechstundenzeiten ändern sich für Sie nicht. Die freie Arztwahl ist nicht eingeschränkt, und der Datenschutz ist gewährleistet.

Wir möchten uns herzlich für Ihre Aufmerksamkeit bedanken.“

Fazit zum Exkurs

Der „normale" Arzt sieht sich als Ethiker und wehrt sich gegen Rationalisierung. Er sieht den Patienten nicht als Kunde, und sich selbst schon gar nicht als Manager. Eine Wettbewerbsgemeinschaft kommt für ihn gar nicht in Frage. Wie wir aber in der Selbstdarstellung in Kapitel 9 sehen, kann man fast sagen, dass es in die Richtung eines Wettbewerbs geht. Diese Selbstdarstellung ist wie ein „Werbe"-Plakat, um sich von den „Anderen" abzugrenzen. In diesem Fall sind die anderen, diejenigen Praxen, die nicht dem Qualitätsnetz angehören. Auch wenn der Arzt sich selbst von der Idee des Wettbewerbs weit entfernt sieht, gehen die Qualitätsnetze in diese Richtung. Es hat sicherlich auch damit zu tun, dass auch Betriebswirtschaftler in der Rolle des Beraters oder Moderators auftreten können.

Es bleibt abzuwarten, wie sich das in der Zukunft entwickelt. Wir werden sehen, ob sich der Arzt als Ethiker halten kann oder doch zum Wettbewerber wird. Sicherlich kann man sagen, dass die Netze mit einem Konzept, wie z.B. „Kundenorientierung" arbeiten. Es ist auch eine Frage der Definition. Ob der Kranke tatsächlich ein Patient oder ein Kunde ist, wird sich sicherlich in den kommenden Jahren, mit steigenden Anforderungen und dem Druck „als Arzt zu überleben" deutlicher zeigen.

11.0 Schlussfolgerung

Zum Schluss wird nun versucht, die Fragestellungen zu beantworten und die Hypothesen zu analysieren. Die erste Fragestellung lautete: **Welche Folgen und Auswirkungen hat die Einführung eines Managementkonzepts auf die Organisation?** Hier können wir auch schon unsere zweite Hypothese anschließen, da sie quasi als Annahme für diese Fragestellung gilt: **Da diese Managementisierung in allen Ebenen stattfindet, kommt es in den nicht betriebswirtschaftlichen Bereichen Arzt und Pflege zu Konflikten.**

Konflikte sind die Folgen der Managementisierung auf allen Ebenen.[13] Dass Konflikte auf Grund der Managementisierung auftreten, hörte man schon aus den Interviews heraus. Vor allem die Pflegekräfte beschwerten sich über verschiedene Sachen, die ihnen von der Verwaltung auferlegt werden. Die Verwaltung hatte ihre Argumente dafür, doch für die Pflege waren diese Argumente irrelevant. Sie mussten Aufgaben machen, die sie aus Sicht der Verwaltung machen müssen, die sie aber eigentlich nicht machen wollen oder müssten. Beispiel: Die Betten sollen auch für die gemacht werden, die aufstehen können. Die Verwaltung argumentierte in diesem Fall mit „Kundenorientierung". Dies aber widerspricht der Pflege, die sich nicht auf „Kundenorientierung" einstellen will. Die Verwaltung sagte im Interview: *„Es soll hier nicht*

---

[13] Das soll nicht heißen, dass dies die einzige Ursache für Konflikte sei.

wie in einem Krankenhaus aussehen." Dies widerspiegelt den Gedanken der Verwaltung, welches mit den Ärzten und dem Pflegepersonal nicht zu vereinbaren ist. Dieser Punkt ist höchst Konfliktgeladen. Die Pflege sieht das Krankenhaus als Krankenhaus. Von Kunden war in den Interviews nichts zu hören.

Gleichzeitig möchte die Verwaltung eine gewisse Struktur in das Krankenhaus bringen. Klare Strukturen sollen als Lösung von Kommunikationsproblemen dienen. So heißt es auch bei Scott (1986, S. 437): „Strukturelle Indikatoren bewerten die Fähigkeit der Organisation zur effektiven Arbeitsleistung." Dies ist auch das Ziel der Verwaltung, wenn sie von Strukturen spricht. Auch die Maßnahmen und Richtlinien, die das QM einführen soll, sollen dem gleichen Zweck dienen. Hierzu Scott (1986, S. 430): „Die Festlegung von Richtmaßnahmen ist ein zentraler Punkt bei der Aufstellung von Kriterien für die Bewertung der Effektivität einer Organisation." Auch das war ganz klar aus den Interviews rauszuhören. Der stellvertretende Verwaltungsleiter betonte immer wieder, wie wichtig Strukturen und Richtlinien seien. Scott geht davon aus, dass die „Manager einer Organisation das Gewicht auf strukturelle Maßstäbe zur Messung der Effektivität legen" (1986, S. 439). Schlussendlich geht es hier um die Rationalisierung der Arbeit. Taylor würde das vielleicht „wissenschaftliches Management" nennen. Dadurch, dass die Verwaltung versucht, Handlungsalternativen zu begrenzen (siehe Interview: Der Empfangsdame wird vorgegeben, was sie am Telefon zu sagen hat), sollen die Mitarbeiter ihre „Rationalität" erhöhen (siehe Kapitel 3.0).

Die Verwaltung kann diese Strukturierung, diese Maßnahmen und Richtlinien, nicht auf ihre eigenen Bereiche beschränken. Dies hätte keinen Sinn. Das Ziel der Verwaltung würde nur erreicht werden, wenn es in allen Ebenen stattfindet. Und genau dies war auch im Krankenhaus in Kleinstadt zu beobachten. In allen Bereichen wurde eingegriffen, was zwangsmäßig zu Konflikten führte, da die anderen Mitarbeiter nicht auf diese „Eingriffe" vorbereitet waren. Daher sehe ich meine zweite Hypothese als bestätigt an.

Die zweite Fragestellung lautete: **Welche Rolle spielt die Kundenorientierung im Krankenhaus?**

Die Kundenorientierung spielt eine wichtige Rolle im Krankenhaus, zumindest für die Verwaltung. Wie aus den Interviews zu hören war, hatte sich die Verwaltung bereits sehr viele Gedanken dazu gemacht. Sie hatten schon ihre Kunden in verschiedene Gruppen aufgeteilt. Jeder dieser Gruppen wurden verschiedene Rollen zugeordnet und dementsprechend arbeitete die Verwaltung. Jeder Kundengruppe wurden unterschiedliche Orientierungen ausgearbeitet. Man richtete sich an die Kunden um sie zufrieden zu stellen. In diesem Zusammenhang fiel in den Interviews immer wieder der Satz „Ruf des Krankenhauses verbessern". Hier wird die Annahme Kaltenbachs (siehe Kapitel 5.1) bestätigt, dass der Ruf eines Krankenhauses, oftmals die einzige Qualitätsinformation für Patienten ist, die sie vor einem Krankenhausaufenthalt verfügen. So versuchte die Verwaltung alles, um diese Information so positiv wie möglich zu machen.

Die Pflegekräfte spürten diesen Wechsel vom Patienten zum Kunden am stärksten. Sie sind die Gruppe, die am „nächsten" zu den Patienten ist. Sie, als Schnittstelle zwischen Organisation und Patient, kann man fast als die exekutive der Kundenorientierung bezeichnen. Dies änderte ihre Arbeitssituation. Doch den Kranken würden die Pflegekräfte niemals als Kunden bezeichnen. Für sie ist der Kranke ein Patient und Kundenorientierung spielt keine Rolle.

Die Ärzte ahnten die Idee der Kundenorientierung. Sie sahen, dass die Entwicklung des Krankenhauses und die Ideen und Pläne der Verwaltung in diese Richtung liefen. Man versuchte sich nicht gegen diese Richtung zu stellen, auch wenn es vielen Ärzten schwerfiel. Man kümmerte sich nicht bewusst darum und ließ die Verwaltung ihre Arbeit machen. Diese Einstellung war bei vielen Ärzten zu sehen. Sie hielten sich zurück, wenn es um Management, Konkurrenz oder Kundenorientierung ging.[14] Wie auch die Pflege, spielte das alles keine wichtige Rolle für die Ärzte.

Nun zur ersten Hypothese der Arbeit: **Eine Managementisierung findet ihren Einzug in alle Ebenen des Krankenhauses.**

Der Grund, warum ich meine erste Hypothese als letztes behandele ist, dass es bei dieser am

---

[14] Einer der Gründe dafür könnte sein, dass das Krankenhaus in einer Kleinstadt ist und die Ärzte den ökonomischen Druck nicht so wahrnehmen wie Krankenhäuser in Großstädten.

138

offensichtlichsten ist. Keine der Berufsgruppen widersprach dieser Hypothese. Eine Managementisierung war auf allen Ebenen zu sehen, von der Cafeteria bis zum Operationssaal, die ich mir gründlichst anschaute. Das Management versuchte alles bis ins kleinste Detail zu regeln. Es wurden verschiedene Auflagen aufgestellt. Manchmal die winzigsten Sachen (wie z.B. wie viel Kuchenarten es in der Cafeteria geben soll). Und im Krankenhaus in Kleinstadt ist man sogar noch am Anfang. Somit sehe ich auch meine erste Hypothese als bestätigt an.

Obwohl die kurze Studie zum Thema Vertrauensbeziehung zwischen Arzt und Patient keine repräsentative Studie war, sieht man in welche Richtung die Arzt-Patient-Beziehung hingeht. **Ich sehe die Hypothese, dass die Patienten sich vor einem Arztbesuch informieren, als bestätigt.** Falls die Diagnose des Arztes von ihren Informationen abweichen, steht man schon vor der Frage, ob man einen anderen Arzt aufsucht oder nicht. Falls der Arzt auf irgendeine Art und Weise das Vertrauen bricht, steht eine solche Frage nicht mehr im Raum. Der Arzt wird gewechselt.

Um dieses Vertrauen aufrechtzuerhalten, muss der Arzt ständig in Kommunikation mit dem Patienten sein. Ja, es muss fast sogar eine Teamarbeit entstehen, damit die Behandlungsschritte zusammen entschieden werden können.

Vorweisen muss der Arzt dem Patienten kein Schnickschnack mehr. Freundlichkeit und Qualität reichen dem Patienten aus. Da man aber diese beiden

Faktoren schwer messen kann, und man dadurch schnell in Konkurrenz verfällt, kann man vielleicht sogar sagen, dass in Zukunft eine Arzt Kunden- oder Patientenorientierung angestrebt wird.

Somit unterzieht sich die Vertrauensbeziehung zwischen dem Arzt und dem Patienten einem Wandel. Der Wandel findet statt, vom unmündigen Patienten hin zum informierten Patienten. Also vom Vertrauen abhängig von Macht hin zu gegenseitigem Vertrauen auf gleichen Ebenen.

12.0 Fazit

Die Fallstudie fand in einem Krankenhaus in einer Kleinstadt statt. Es war das einzige Krankenhaus im Umfeld von 15 km. Hier war sicherlich der ökonomische Druck nicht so deutlich wie in einer Großstadt, in der mehrere Krankenhäuser miteinander konkurrieren. Aber trotzdem war klar zu sehen, welche Auswirkungen eine Managementisierung auf das Krankenhaus hat und welche Veränderungen eine Ökonomisierung mit sich bringen kann.

In diese Richtung sehe ich auch die Entwicklung in den nächsten Jahren. Ich denke, dass viele Krankenhäuser in den nächsten Jahren entweder schließen werden, da sie zu viele Verluste machen, oder mit anderen Krankenhäusern fusionieren werden. Man geht davon aus, dass etwa 25% der Krankenhäuser bis zum Jahre 2020 schließen werden; die Zahl öffentlich-rechtlicher Krankenhäuser wird von 723 auf 225 sinken[15] und die privaten von 468 auf 675 steigen (Deutsche Krankenhausgesellschaft, 2003). Die, die nicht schließen, werden notwendigerweise Managementkonzepte einführen, um den wachsenden Druck der Ökonomisierung in den Griff zu bekommen. Auch wenn dies mit den Zielsetzungen der Ärzte oder der Pfleger nicht vereinbar ist, werden Sie in den kommenden Jahren mehr auf diese Veränderungen vorbereitet werden. Denn wenn man sich für eine der Zielsetzungen entscheiden würde, würde es weiterhin zu Problemen führen. Nehmen

---

[15] Der Staat zieht sich zurück.

wir an, man entscheidet sich die Ziele des Pflegebereichs als höchste Priorität zusehen. Dann könnte man sich zwar intensiver um den Patienten kümmern, aber das Krankenhaus wäre höchstwahrscheinlich nicht zu finanzieren. Würde man sich aber für die Ziele der Verwaltung entscheiden, wären zwar die Kosten gering, aber die Patienten unzufrieden. Damit die Kosten gering aber auch die Patienten zufrieden sind, wird die Kundenorientierung, meiner Meinung nach, verstärkt Einzug in die Krankenhäuser finden.

13.0 Literaturverzeichnis

* Arnold M.: Die Rolle des Akutkrankenhauses im Versorgungssystem der Zukunft. In: Badura B., Feuerstein G., Schott T. (Hrsg.): System Krankenhaus. Arbeit, Technik und Patientenorientierung. Juventa Verlag: Weinheim und München, 1993, S. 15-27
* Arnold M., Brauer H.-P., Deneke J.F.V., Fiedler E.: Der Beruf des Arztes in der Bundesrepublik Deutschland. 2. Auflage. Köln, 1984
* Axelrod R. (1987): Die Evolution der Kooperation. München
* Badura B.: Systemgestaltung im Gesundheitswesen: das Beispiel Krankenhaus. In: Badura B., Feuerstein G., Schott T. (Hrsg.): System Krankenhaus. Arbeit, Technik und Patientenorientierung. Juventa Verlag: Weinheim und München, 1993, S. 28-40
* Bachmann R.: Die Koordination und Steuerung interorganisationaler Netzwerkbeziehungen über Vertrauen und Macht. In: Sydow J. und Windeler A. (Hg.): Steuerung von Netzwerken. Konzepte und Praktiken. Opladen, 2000, S. 107-125
* Barnard C. I.: The Functions of the Executive. Hardvard Uni Press: Cambridge, 1938
* Baumgart-Fütterer I., Hug J.: Anforderungen an ein modernes Management – Teil 3: Service als Schlüssel zum Erfolg. In: Pflegezeitschrift 6/2001, S. 418-421
* Blau P.M., Scott W.R.: Formal Organizations. Chandler: San Francisco, 1962

- Brown E.: Meeting patient´s psychosocial needs in the general hospital. In: Skipper JK. Und Leonard RC. (Hrsg.): Social interaction and patient care. Lippincott: Philadelphia und Toronto, 1965, S. 6-15
- Deutsche Krankenhausgesellschaft: Zahlen, Daten, Fakten 2003
- Drucker P.F.: The Effective Executive. In: Wieland, G.F. (Hrsg.): Improving Health Care Management. Organizational Development and Organization Change. Ann Arbor, 1981, S. 26-37
- Büschges G.: Einführung in die Organisationssoziologie. Teubner: Stuttgart, 1983
- Cox-Burton J.: Leadership in the future – A quality Issue. In: SAM Advanced Management Journal. Vol. 53, Autumn, 1988, S. 39-43
- Eichhorn S.: Krankenhausbetriebslehre. Band 3. Theorie und Praxi der Krankenhaus-Leistungsrechnung. Köln, Stuttgart und Berlin: 1987
- Elster R.: Deutscher Berufsverband für Krankenpflege e.V. Entwicklungen – Zielsetzungen – Aktivitäten 1903 – 1983. Deutscher Berufsverband für Krankenpflege: Frankfurt a.M.: 1986
- Etzioni A.: Modern Organizations. Prentice-Hall: Englewood Cliffs, 1964
- Farrell J., Saloner G. (1987): Competition, compatibility and standards: The economics of horses, penguin and lemmings. In: Gabel H.L. (Hrsg.): Product standardization and competitive strategy. Amsterdam u.a., S. 1-21
- Freidson E.: Der Ärztestand. Berufs- und wissenschaftssoziologische Durchleuchtung einer Profession. Enke: Stuttgart, 1979

- Hay M.A.: The Patient's Services. In: The Hospital. Dezember 1954, S. 734-739
- Hofer M.: Patientenbezogene Organisation der Krankenbehandlung und –pflege im Akutspital. Diss. Hochschule St. Gallen, Bamberg, 1985
- Hurrelmann K.: Sozialisation und Gesundheit. Somatische, psychische und soziale Risikofaktoren im Lebenslauf. Juventa: Weinheim und München, 1988
- Illich I.: Die Nemesis der Medizin. Von den Grenzen des Gesundheitswesens. Rowohlt: Reinbek bei Hamburg, 1977
- Kanter R.M. (1994): Collaborative advantage. In: Harvard Business Review 72 (4), S. 96-108
- Kaltenbach T.: Qualitätsmanagement im Krankenhaus. Qualitäts- und Effizienzsteigerung auf der Grundlage des Total Quality Management. Bibliomed: Melsungen, 1991
- Kampe D. M. und Kracht P. J.: Management im Krankenhaus. Walter de Gruyter Verlag: Berlin und New York, 1989
- Kubicek H. (1993): Organisatorische Voraussetzungen des branchenübergreifenden Datenaustausches – Neue Aufgaben für die Wirtschaftsverbände? In: Kubicek H., Seeger P. (Hrsg.): Perspektive Techniksteuerung. Berlin, S. 143-168
- Luhmann N.: Gesellschaftliche Organisation. In: Ellwein, Th. Et al. (Hrsg.): Erziehungswissenschaftliches Handbuch. Rembrandt: Berlin, 1969, S. 387-407

- Luhmann N.: Vertrauen. Ein Mechanismus der Reduktion sozialer Komplexität. Enke: Stuttgart, 1973
- Luhmann N.: Funktion der Religion. Suhrkamp: Frankfurt a.M., 1982
- Luhmann N.: Anspruchsinflation im Krankheitssystem. Eine Stellungnahme aus gesellschaftstheoretischer Sicht. In: Herder-Dornerich P., Schuller A. (Hrsg.): Die Anspruchsspirale. Schicksal oder Systemdefekt?. Verlag W. Kohlhammer: Stuttgart, Berlin, Köln, Mainz, 1983, S. 28-49
- Luhmann N.: Soziologie als Theorie sozialer Systeme. In: Luhmann N.: Soziologische Aufklärung 1. Westdeutscher Verlage: Opladen, 1984, S. 113-116
- Luhmann N.: Sinn als Grundbegriff der Soziologie. In: Habermas J., Luhmann N.: Theorie der Gesellschaft oder Sozialtechnologie. Suhrkamp: Frankfurt a.M., 1985a, S. 25-100
- Luhmann N.: Soziale Systeme. Grundriss einer allgemeinen Theorie. Suhrkamp: Frankfurt a.M., 1985b
- Luhmann N.: Der medizinische Code. In: Luhmann N.: Soziologische Aufklärung 5. Westdeutscher Verlag: Opladen, 1990, S. 183-195
- Luhmann N.: Vertrautheit, Zuversicht, Vertrauen. Probleme und Alternativen. In: Hartmann M. und Offe C. (Hrsg.): Vertrauen: die Grundlage des sozialen Zusammenhalts. Frankfurt am Main, 2001, S. 143-160
- Lorenz E.H.: Neither Friends Nor Strangers. Informal Networks of Subcontracting in French

Industry. In: Gambetta, D. (Hrsg.): Trust. Making and Breaking Cooperative Raltions. New York, Oxford, 1988, S. 194-210

- Mayrhofer W.: Jenseits von Asien. Kommunikation und Kooperation im multikulturellen Kontext „Krankenhaus". In: Müller M. (Hrsg.): Personal-Management im „Unternehmen" Krankenhaus. Manz: Wien, 1996, S. 66-93

- Max H.G.: Kunden auf Dauer binden. Wie Hersteller die Beziehung zum Handel optimieren. Gabler: Wiesbaden, 1996

- Monse, K., Reimers, K. (1994): Interorganisationale Informationssysteme des elektronischen Geschäftsverkehrs (EDI): Akteurskonstellationen und institutionelle Strukturen. In: Sydow J., Windeler A. (Hrsg.): Management interorganisationaler Beziehungen. Vertrauen, Kontrolle, Informationstechnik. Opladen, S. 71-92

- Mooney J.D.: The Principles of Organization. In: Gulick L., Urwick L. (Hrsg.): Papers on the Science of Administration. Columbia University: New York, 1937, S. 89-98

- Müller M.: Leistungsförderliche Arbeitsgestaltung im Pflegebereich der Krankenhäuser. In: Müller M. (Hrsg.): Personal-Management im „Unternehmen" Krankenhaus. Manz: Wien, 1996, S. 134-152

- Ortmann G., Sydow, J., Windeler, A. (1999): Organisation als reflexive Strukturation. In: Ortmann G., Sydow J., Türk K. (Hrsg.): Theorien der Organisation. Die Rückkehr der Gesellschaft. 2. Aufl. Opladen, S. 315-354

- Ortmann G., Schnelle W. (2000): Medizinische Qualitätsnetze – Steuerung und Selbststeuerung. In:

Sydow J., Windeler A. (Hrsg.): Steuerung von Netzwerken. Konzepte und Praktiken. Opladen, S. 206-233

- Revans R.W.: Standards for Morale: Cause and Effect in Hospitals. London, 1964
- Rohde J.J.: Soziologie des Krankenhauses. Zur Einführung in die Soziologie der Medizin. Enke: Stuttgart, 1974
- Schmeling-Kludas Christoph: Die Arzt-Patient-Beziehung im Stationsalltag. VCH: Weinheim, 1988
- Scott W.R.: Grundlagen der Organisationstheorie. Campus: Frankfurt/Main, New York, 1986
- Siegrist J.: Das Krankenhaus aus soziologischer Sicht. In: Themen der Krankenpflege. Urban & Schwarzenberg: München u.a., Band 1, 1973, S 235-271
- Simmel G.: Soziologie. Frankfurt am Main, 1992
- Simon H. A.: Entscheidungshilfe in Organisationen. Landberg, Lech, 1981
- Städtisches Klinikum Karlsruhe: Patienten- und kundenorientiertes Arbeiten im Städtischen Klinikum Karlsruhe. Städtisches Klinikum Karlsruhe: Karlsruhe, k.A.
- Staub C.: Qualitätssicherung im Krankenhaus: Die Rolle der Patienten. In: Badura B., Feuerstein G., Schott T. (Hrsg.): System Krankenhaus. Arbeit, Technik und Patientenorientierung. Juventa Verlag: Weinheim und München, 1993, S. 376-389
- Sticker A.: Agnes Karll. Die Reformerin der deutschen Krankenpflege. Kohlhammer: Stuttgart u.a., 1984
- Strasser H. und Voswinkel S.: Vertrauen im gesellschaftlichen Wandel. In: Schweer M. (Hrsg.):

Interpersonales Vertrauen. Theorien und empirische Befunde. Opladen, 1997, S. 217-238

- Strauss A., et al.: The Hospital and its Negotiated Order. In: Freidson E. (Hrsg.): The Hospital in Modern Society. London et al., 1963, S. 147-169
- Tacke V., Wagner G.: "Kundenorientierung" als Semantik des Managements von Organisationen. Strukturbedingungen und Strukturfolgen. Unveröffentlichtes Manuskript. 2002
- Türk K.: Soziologie der Organisation. Eine Einführung. Enke: Stuttgart, 1978
- Unterhuber H.. Preissteuerung in der Krankenhausversorgung. Möglichkeiten und Grenzen der Anwendung von Preisen zur Steuerung der Versorgung mit Krankenhausleistungen. Bundeswehr: Universität München, 1986
- Voss F.: Pflegerisch-medizinische Arbeit im formal organisierten Sozialsystem des Krankenhauses. Eine theoretisch und empirisch vergleichende Analyse system- und subsystemspezifischer Einflüsse auf den Pflegeprozess. Ulrich Schallwig Verlag: Bochum, 1993

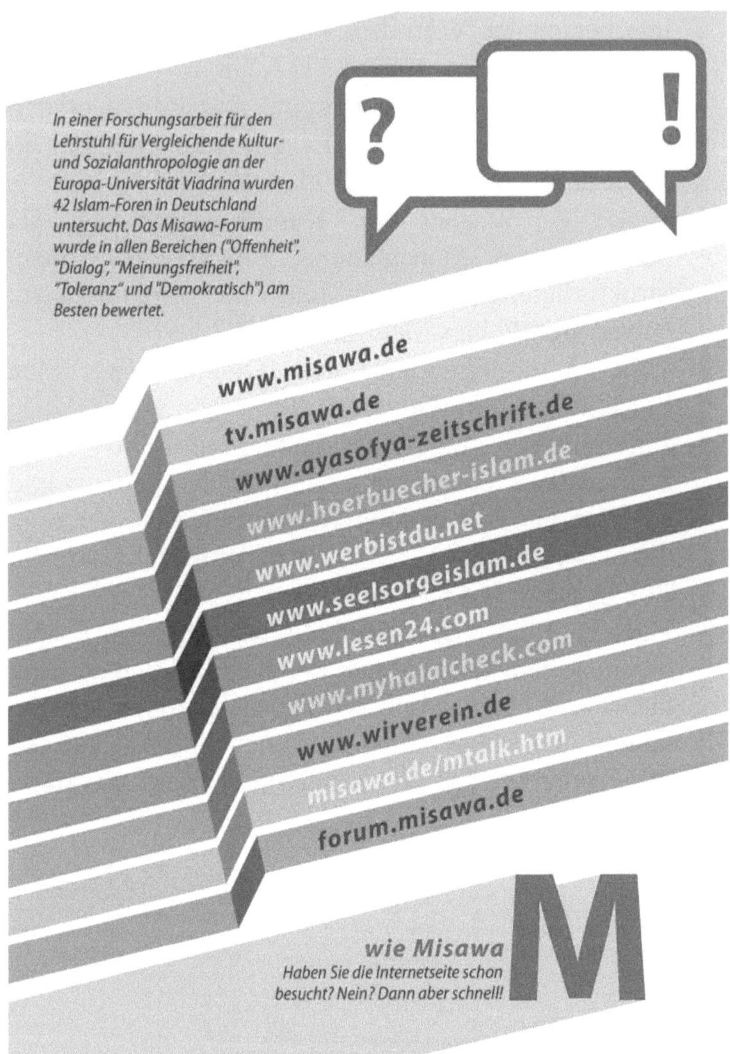
In einer Forschungsarbeit für den Lehrstuhl für Vergleichende Kultur- und Sozialanthropologie an der Europa-Universität Viadrina wurden 42 Islam-Foren in Deutschland untersucht. Das Misawa-Forum wurde in allen Bereichen ("Offenheit", "Dialog", "Meinungsfreiheit", "Toleranz" und "Demokratisch") am Besten bewertet.
www.misawa.de
tv.misawa.de
www.ayasofya-zeitschrift.de
www.hoerbuecher-islam.de
www.werbistdu.net
www.seelsorgeislam.de
www.lesen24.com
www.myhalalcheck.com
www.wirverein.de
misawa.de/mtalk.htm
forum.misawa.de
M
wie Misawa
Haben Sie die Internetseite schon besucht? Nein? Dann aber schnell!

Bücher von Dr. Cemil Şahinöz
gibt es jetzt in jedem Buchhandel
www.lesen24.de - www.misawa.de

Zum Autor

Dr. Cemil Şahinöz (Soziologe, Religionspsychologe, Familienberater, Integrationsbeauftragter, geboren 1981) ist Gründer und Chefredakteur der Zeitschrift "Ayasofya". Er hat verschiedene Bücher übersetzt und verfasst. Sein erstes Buch schrieb er mit 15 Jahren und mit 16 Jahren brachte er seine erste monatliche Zeitschrift heraus. Sein Aufsatz "Situation der türkischen Familien in Europa" wurde 2006 von Diyanet (DİTİB) zum "Besten Aufsatz des Jahres" gewählt. Zu verschiedensten Themen macht er Vorträge, Seminare, Fortbildungen, Konferenzen und Workshops. Er ist in verschiedenen Zeitungen und Zeitschriften als Journalist und Kolumnist tätig. Als Journalist begleitete er den deutschen Bundespräsident Christian Wulff und den türkischen Staatspräsidenten Abdullah Gül bei ihrem Osnabrück-Besuch. Şahinöz moderierte den Podcast "Misawa Talk". Hauptberuflich ist er in der Integrationsagentur und Familienberatung tätig. Nebenbei ist er in der türkischen Glücksspielsuchthotline tätig. In der Vergangenheit arbeitete er als Lehrer, Projektmanager, Seelsorger für muslimische Häftlinge, Übersetzer, Editor und Leiter von pädagogischen Angeboten. Seine Webseite (www.misawa.de) wurde unter 42 deutschen Islamseiten in den Bereichen "Offenheit", "Dialog", "Meinungsfreiheit", "Toleranz" und "Demokratisch" in einer Forschungsarbeit an einer Universität am besten bewertet. Als Dank und Auszeichnung für sein Engagement im Bereich Integration wurde er von Bundeskanzlerin Dr. Angela Merkel empfangen und seine Arbeit auf diesem Gebiet gelobt. Şahinöz traf sich u.a. auch mit dem muslimischen Berater von Barack Obama, Rashad Hussain, und gab ihm Informationen über die Muslime und ihren Organisationen in Deutschland. Der AIB (Europäischer Arbeitgeber und Akademiker Verbandes NRW) verlieh ihm im Juni 2011 den "Akademiker- und Integrationspreis." In der Focus Ausgabe Nr. 39 (19.09.2015) wurde er als einer der intellektuellen, muslimischen Jugendlichen in Deutschland vorgestellt und als "Seelsorger" betitelt. Şahinöz ist zu dem Vorsitzender des Bündnis Islamischer Gemeinden (Dachverband der muslimischen Einrichtungen in Bielefeld) und Gründungsmitglied, Generalsekretär und ehemaliger Vorsitzender der European Risale-i Nur Association (Dachverband der Nurculuk Bewegung in Europa).

Kontakt: cemil.sahinoez@gmx.de, www.misawa.de,
http://twitter.com/Cemil_Sahinoez
https://www.facebook.com/CemilSa
http://instagram.com/cemilshnz
https://www.youtube.com/user/Cemil4000